消費税は下げられる！

借金1000兆円の大嘘を暴く

森永卓郎

角川新書

はじめに――経済ニュースの矛盾

この本で私が強調したいことは、たった一つ、「日本の財政は、世界一健全」ということだ。もちろん、この主張には多くの人が違和感を持つだろう。それは、「日本の財政は破綻《はたん》寸前の最悪の状態で、世界でも類をみないほど、莫大《ばくだい》な借金を抱えている」という政府のキャンペーンを多くの人が信じ込んでいるからだ。

しかし、経済ニュースをみていて、二つの点で疑問を感じないだろうか。一つは、日本の財政が最悪の状態になっていると言いながら、日本の国債金利がゼロになっているという事実だ。財政が悪化すると、国債金利は上昇する。財政破綻が明らかになったギリシャは、たった1年で国債金利が10%を超え、2年後には40%を超えた。信用のない人は、高い金利を支払わないとお金を借りられないというのは、世の常だ。たとえば、いま大企業が資金調達をすると、1%に満たない金利で、設備投資の資金を調達することができる。ところが、信用度の低い中小企業は、より高い金利を支払わないといけない。破綻が懸念される企業が、街金（中小の金融業者の俗称）から資金調達をする場合には、実質的な金利が2ケタになることも、しばしばだ。危ない相手にカネを貸すときには、融資がこげ付く可能性も考えて、高い金利を取っておかないと、貸し手が損失をこうむってしまうからだ。つまり、日本の国債金利が世界で一番低い金利になっているということは、少なくとも国債市場の参加者たちの間では、日本の国債は、最も信用度が高いとみられているということだ。

経済ニュースのもう一つの疑問は、経済界で大きなショックが発生したときに、円が買われて円高になるという事実だ。たとえば、イギリスがＥＵ（欧州連合）離脱を国民投票で決めた後、世界経済の混乱を恐れた投資家たちは、一斉に円を買った。それで円高が進んだのだ。同じことは、２００８年9月のリーマンショックの後にも起きている。１００年に一度の経済危機と呼ばれたリーマンショックの直後も、世界中の投資家は円を買ったのだ。円を買うと言っても、現金を持つ投資家はほとんどいない。少し長い期間、円を持とうと思ったら、彼らは日本の国債を買う。しかし、財政破綻している国の国債を、なぜ世界の投資家は買うのだろうか。

この二つの疑問の答えは、とてもシンプルだ。それは、日本の財政が世界一健全だからという認識こそが、大きな誤りなのだ。多くの人が信じ込んでいる「日本の財政は破綻状態にある」というものだ。

そして、日本の財政が世界一健全だということを前提にすると、バブル崩壊以降、四半世紀以上にわたって続く日本経済の低迷を抜け出す経済政策が浮かび上がる。それは、消費税率の引き下げだ。

なぜ消費税率の引き下げが必要なのかについては、本書全体で詳しく述べていくことにして、まず、なぜ日本の財政は世界一健全なのか、なぜ多くの国民は、日本の財政が世界最悪と信じ込まされてきたのか、そのからくりを詳しくみていこう。

森永卓郎《もりながたくろう》

2017年2月

目次

第1章　グロスで見るというウソ

財務省の主張とは？

まず、日本の財政が破綻《はたん》状態にあると主張し続けている財務省が、一体どのようなことを言っているのかをみておこう。

財務省は、国民向けに『これからの日本のために財政を考える』というパンフレットを作っている。２０１６年10月に発行された最新版で、財務省がどのように日本の財政事情を国民に向けてアピールしているのか、パンフレットの一部を以下に引用しよう。

国の一般会計歳出では、社会保障関係費や国債費が年々増加している一方、その他の政策的な経費（公共事業、教育、防衛等）の割合が年々縮小しています。

「社会保障」：

年金、医療、介護等を給付するための支出であり、高齢化などの要因によりこれまで毎年増加してきた経費

「国債費」：

償還と利払を行うための経費からなり、国債残高の増大に伴い増加する経費

「地方交付税交付金等」：
　地方団体間の地方税収の偏在を国が調整し、地方団体が一定の水準を維持しうるよう財源を保障するため、国が調整して配分するための経費
　これら3経費で、一般会計歳出の7割を占めています。

　国の一般会計歳入は、主に所得税、法人税、消費税の3税、その他の税収や税外収入、及び公債金からなっています。

　現在、税収や税外収入では当初予算歳出全体の2／3程度しか賄えていません。この結果、残りの1／3は公債金すなわち借金に依存しており、将来世代の負担となります。

　また、2014年4月に消費税率が5％から8％に引き上げられました。消費税収はすべて社会保障財源に向けられます。
　※従来の地方消費税分（消費税率1％相当分）は除きます。
　消費税収（国・地方）は、すべて国や地方の社会保障財源に向けられます。

政策的経費を、税収及び税外収入でどれだけ賄えているかを示す指標が、プライマリー・バランス（PB）です。この赤字分は、将来世代の負担である借金で賄います。

これまで、我が国財政は、歳出が一貫して伸び続ける一方、歳入（税収）は1990年度を境に伸び悩んできました。その差は借金である公債（建設公債・特例公債）の発行によって賄われています。

1990年度と現在の予算を比較すると、歳出は約30兆円増加しています。その内訳は、社会保障関係費が20兆円増え、およそ3倍になるとともに、借金の残高が増え、国債費は10兆円弱増えています。

歳入を見ると、税収などの収入が増加していないのに対し、公債金が約30兆円増えることにより賄われています。

つまり、高齢化を背景として年々増加する社会保障給付費は社会保険料だけでは賄えず、将来世代の負担である借金によって賄われてきたことになります。

歳出構造をさらに長期的に見ると、国債費と社会保障関係費の割合が増大しています。

一方、公共事業や教育、防衛などの政策経費の割合は一貫して大幅な減少が続いています。

こうした財政構造を諸外国と比較すると、現在の日本の社会保障支出の規模は対ＧＤＰ比で国際的に中程度であるのに対し、これを賄う税収の規模は最低水準となっています。

また、社会保障以外の支出規模は最低水準です。

多くの国が財政収支を改善する中、我が国は大幅な赤字が続いています。この結果、我が国財政は現在、債務残高がＧＤＰの2倍を超えるなど、主要先進国と比較して最悪の状況にあります。

急激な高齢化の進展を背景として、社会保障給付費（年金、医療、介護等）は大きく増加してきました。一方、社会保険料収入は給付の伸びほどは増加していません。

日本の社会保障制度では、社会保険方式を採りつつも、年々拡大してきた給付費と保険料の差は、主に国と地方の負担で賄ってきました。国の負担は毎年1兆円規模で増えてきており、財政赤字の大きな要因となっています。

今後、高齢化はさらに進展し、いわゆる「団塊の世代」が2020年代初頭には後期高齢者である75歳以上となりはじめます。1人当たりの医療や介護の費用は年齢とともに急増することから、持続可能な社会保障制度の確立が急務となっています。

高齢化が他国に類をみない速度で進んでいく中、日本の国民負担率は、諸外国と比べて低いのが現状です。

日本の財政や社会保障の仕組みを持続的なものとしていくためには、高齢化に伴う社会保障給付費の増加と国民の負担の関係について、国民全体で議論していく必要があります。

現在、「社会保障の充実・安定化」と「財政健全化」を同時に達成するために、「社会保障と税の一体改革」を行っています。

消費税率の引上げによる増収分は、全て社会保障の充実と安定化に向けられます。これにより、国と地方自治体の借金として将来世代に負担を付け回す金額も減少します。

高齢化がすすんだ社会でも、世代を問わず一人ひとりが安心して暮らせる社会を実現するために、消費税率の引上げで得られた財源で、全世代を対象とする社会保障の充実をはかります。

日本の社会保障制度は原則として社会保険料で費用を負担することを基本としていますが、働く世代に負担が集中する面もあります。

こうした中で、国民が広く受益する社会保障の費用をあらゆる世代が広く公平に分かち合い、社会保障の安定した財源を確保する観点から、消費税を社会保障の財源としています。

これまで日本の国債消化を支えてきた家計金融資産は、高齢化の進展等による貯蓄率低下の進行により伸び悩んでいます。他方、同資産の伸びを上回る勢いで政府の総債務が伸びています。

財政の信認が損なわれれば、国債の安定的な消化を困難にする恐れがあります。

政府は、従来から

①国・地方を合わせた基礎的財政収支について、2015年度までに2010年度に比べ赤字の対GDP比を半減（達成見込み）

②2020年度までに黒字化

③その後の債務残高対GDP比を安定的に引下げ

という財政健全化目標を掲げています。

2016年7月に内閣府が公表した「中長期の経済財政に関する試算」によれ

ば、名目３％、実質２％以上の成長が実現した場合でも、２０２０年度までに国・地方の基礎的財政収支を黒字化する目標を達成できない姿となっています。

このため、政府は、財政健全化目標を達成するための道筋を示した「経済・財政再生計画」を策定し、歳出改革に取り組むこととしています。

さすがに日本一優秀な頭脳が集結する財務省が作った文書だ。どこにも論理の飛躍や破綻がないから、国民が信じ込んでしまうのも無理はない。しかも、今回は文章だけを引用したが、実際のパンフレットには、この文章に加えて分かりやすいグラフが添付されている。さらに、何か疑問があれば、10人以上のグループであるならば、ご丁寧にも、財務省の官僚が説明にきてくれるというのだ。

財務省の主張を私なりに要約すると以下のとおりになる。

1．日本は高齢化に伴って社会保障費が急増しており、それを賄うための十分な課税をしてこなかったため、財政赤字が膨れ上がって、主要先進国と比較し、最悪の状況となっている。

2. 今後、高齢化はさらに進展し、それに伴って医療や介護の費用が急増することから、持続可能な社会保障制度の確立が急務となっている。
3. 日本の国民負担率は諸外国と比べて低いから、社会保障の充実・安定化と財政健全化を同時に達成するために、安定財源である消費税率を引き上げていかざるを得ない。

現在、こうした財務省の主張を多くの政治家、評論家、財界人などがそろって支持している。そのため、多くの国民が、それが間違いない真実と信じ込んでしまっているのだ。だから、消費税率の引き上げに反対しようものなら、社会的責任を果たそうとしないわがままな人という烙印《らくいん》を押されてしまうのだ。しかし、この財務省理論は本当に正しいのだろうか。私には、すべてが詭弁《きべん》であるとしか思えない。

「日本が財政破綻の状態」のウソ

まず、「日本が財政破綻の状態」であるという財務省の主張から検証しよう。財務省が2016年1月に発表した「国の財務書類」によれば、日本政府（一般会計＋特別会計）が抱える負債は1172兆円と、国民がよく知っている数値となっている。確かにGDP

（国内総生産）の2倍以上の借金を抱えているというのは、先進国最悪の状態だ。ところが財務省がいつも使うのは、この負債総額の数字だ。しかし、その認識は正しいだろうか。

たとえば、ある人が3000万円の借金を抱えると同時に、銀行に2000万円の預金をしていたとする。この人の債務は、実質的にいくらだろうか。答えは、もちろん1000万円だ。銀行預金を借金返済に振り向ければ、借金を1000万円に減額することは、すぐに可能だからだ。

実は、それと同じことが、日本の財政のなかでも起きている。財務省が公表している「国の財務書類」（図表1）によれば、莫大《ばくだい》な借金を抱える一方で、日本政府は約680兆円もの資産を抱えているのだ。そのため負債の額から資産額を差し引いた、純債務は492兆円に過ぎない。この財政の実態は、国民の多くが持っているイメージとはずいぶん異なるだろう。何しろ、GDPの2倍あると言われている借金が、実質的にはGDPと同じ程度しか存在しないからだ。

また、2016年3月に財務省が発表した「連結財務書類」（図表2）をみると、事態はさらに改善する。連結というのは、日本政府（一般会計＋特別会計）に加えて、各省庁から監督を受けるとともに、財政支援を受けている特殊法人、認可法人、独立行政法人、

図表1●財務書類の概要（資産及び負債の状況）（2014年度末）

（単位：兆円）

区分	資産・負債差額	資産額	負債額
国の財務書類（一般会計・特別会計）	▲492.0	679.8	1,171.8
一般会計	▲519.9	291.7	811.6
交付税及び譲与税配付金特別会計	▲31.0	4.7	35.8
地震再保険特別会計	0.0	1.2	1.2
国債整理基金特別会計	42.7	42.7	-
外国為替資金特別会計	36.2	158.9	122.7
財政投融資特別会計	15.0	154.9	139.9
エネルギー対策特別会計	▲1.6	8.9	10.4
労働保険特別会計	7.8	16.1	8.2
年金特別会計	4.2	127.5	123.4
食料安定供給特別会計	0.4	0.8	0.3
森林保険特別会計	0.0	0.0	0.0
国有林野事業債務管理特別会計	▲1.3	-	1.3
貿易再保険特別会計	0.6	1.4	0.8
特許特別会計	0.2	0.3	0.1
自動車安全特別会計	3.0	3.8	0.9
東日本大震災復興特別会計	▲5.7	2.7	8.4

（注1）計数は単位未満を四捨五入したもの。また、単位未満の計数がある場合には「0」、皆無の場合は「-」で表示している。

（注2）特別会計の「資産・負債差額」、「資産額」及び「負債額」については、会計間の債権・債務等を相殺する必要があるため、特別会計の合計は算定していない。

（出所）財務省ホームページ

国立大学法人などを含めた、より広い意味の政府全体の財務諸表を作成したものだ。

　私は、このベースで財政をみるのが正しいと考えている。たとえば旧財務省印刷局である国立印刷局や旧国立大学などは、行政改革の要請に応《こた》えるために看板を掛け替えたが、実質的に国立であることに何ら変わりはないからだ。

　さて、この連結財務書類の貸借対照表によると、２０１４年度末の純債務は４３９兆円とさらに減少する。しかも、前年度の純債務は４５１兆円だったから、ネットの借金は1年間で12兆円も減少していることがわかる。少なくとも、日本の借金が毎年増え続けているという認識は、事実と異なるのだ。

　財務省が、なぜこうした自分自身が不利になる資料を公表しているのかというと、この統計は、髙橋洋一嘉悦《たかはしよういちかえつ》大学教授が、大蔵省（当時）にいたときに作り始めたものなのだそうだ。役人というのは前例踏襲で仕事をするから、一度始めてしまうと延々と毎年同じことを繰り返す。つまり、財務省では、いまだに髙橋洋一氏の遺産が継承されているということだ。

図表2●連結貸借対照表

（単位：百万円）

	前会計年度 （平成26年3月31日）	本会計年度 （平成27年3月31日）
＜負債の部＞		
未払金	13,755,684	15,566,796
未払費用	2,660,193	2,853,548
保管金等	2,495,366	3,092,332
賞与引当金	555,458	590,283
政府短期証券	99,071,315	96,480,697
公債	661,757,300	715,969,502
独立行政法人等債券	48,470,139	48,963,630
借入金	36,631,088	36,033,906
預託金	4,121,305	3,981,269
郵便貯金	175,293,825	175,699,572
責任準備金	105,424,105	103,335,702
公的年金預り金	115,779,003	117,348,074
退職給付引当金	14,807,692	13,238,430
その他の引当金	1,246,740	1,086,861
支払承諾等	2,706,066	2,891,858
その他の債務等	29,378,919	34,347,712
負債合計	1,314,154,206	1,371,480,178
＜資産・負債差額の部＞		
資産・負債差額	△451,017,615	△439,402,904
（うち国以外からの出資）	(1,635,210)	(1,597,058)
負債及び資産・負債差額合計	863,136,590	932,077,273

（注）国が保有する資産には、公共用財産のように、行政サービスを提供する目的で保有しており、売却して現金化することを基本的に予定していない資産が相当程度含まれている。このため、資産・負債差額が必ずしも将来の国民負担となる額を示すものではない点に留意する必要がある。

	前会計年度 （平成26年3月31日）	本会計年度 （平成27年3月31日）
＜資産の部＞		
現金・預金	49,385,508	73,041,273
有価証券	309,294,936	348,534,788
たな卸資産	5,560,809	5,262,076
未収金	12,905,297	12,712,882
未収収益	1,038,230	1,068,499
貸付金	183,336,466	184,109,372
破産更生債権等	971,050	873,937
割賦債権	4,289,931	3,743,868
その他の債権等	15,744,859	17,939,534
貸倒引当金等	△ 4,577,273	△ 3,998,166
有形固定資産	266,040,943	268,053,729
国有財産等（公共用財産を除く）	69,015,685	69,136,472
土地	38,247,429	38,600,871
立木竹	3,893,611	3,668,572
建物	11,901,082	12,239,856
工作物	8,371,660	9,324,313
機械器具	1,252	0
船舶	1,695,277	1,739,239
航空機	621,127	625,410
建設仮勘定	4,284,243	2,938,209
公共用財産	190,893,762	192,891,959
公共用財産用地	48,028,925	48,361,804
公共用財産施設	139,767,315	141,513,258
建設仮勘定	3,097,521	3,016,896
物品等	6,102,239	5,997,051
その他の固定資産	29,255	28,246
無形固定資産	1,189,066	1,229,548
出資金	14,583,206	15,854,897
支払承諾見返等	2,706,066	2,891,858
その他の投資等	667,490	759,172
資産合計	863,136,590	932,077,273

（出所）財務省ホームページ

財務省の反論

ただ、もちろん財務省も黙ってはいない。この統計で、ネットの債務が小さいということがわかっても、それが意味のないものだという主張をホームページ上で展開している。それが「副大臣がお答えします」というコーナーだ。

そこには、こう書かれている。

日本の政府は借金が多い一方で資産もあり、資産を売れば借金の返済は容易だという説もありますが、どのように考えていますか？

ご質問にお答えいたします。

国においては、企業会計の考え方を活用して貸借対照表（バランスシート）を作成しており、平成21年度末時点では、１０１９兆円の負債に対し、６４７兆円の資産が存在しています。

しかしながら、これらの資産の大半は、性質上、直ちに売却して赤字国債・建設国債の返済に充てられるものでなく、政府が保有する資産を売却すれば借金の返済は容易であるというのは誤りです。

代表的なものをご説明すると、

（1）年金積立金の運用寄託金（121兆円）は、将来の年金給付のために積み立てられているもので、赤字国債・建設国債の返済のために取り崩すことは困難です。

（2）道路・堤防等の公共用財産については、例えば国道（63兆円）などや堤防等（67兆円）などとして公共の用に供されているものであり、また、収益を生むわけでもないので、買い手はおらず、売却の対象とはなりません。

（3）外貨証券（82兆円）や財政融資資金貸付金（139兆円）はFBや財投債という別の借金によって調達した資金を財源とした資産であり、これらの借金の返済に充てられるものであるため、赤字国債・建設国債の返済に充てることはできません。

（※）

財投債：国債の一種で、財政融資資金貸付金の財源として発行され、償還は財政融資資金の貸付回収金などによって賄われるもの。

FB：国庫もしくは特別会計等の一時的な現金不足を補うために、国が発行する短期の資金繰り債。政府短期証券（Financing Bill）の略称。

（4）出資金（58兆円）は、その大部分が独立行政法人、国立大学法人、国際機関等に対するもので、これらに対する出資は、そもそも市場で売買される対象ではありません。

財務省の主張は、「資産があると言うけれど、その資産は売れない資産なのだから、借金を考えるうえで勘案することはできない」というものだ。ここは、重要な論点なので、一つ一つ検討していこう。

年金積立金は単なる手元資金

121兆円（2014年度末で113・7兆円）にのぼる年金積立金は、かつては年金保険料を納めた国民のものだった。政府は、「日本の公的年金制度は、積立方式で運営されていて、国民が納めた年金保険料は、国が運用して、老後を迎えた時に、本人に支払われる」と主張してきたからだ。

しかし、2004年の年金制度改正で、政府は国民に対して重大な裏切りを行った。公的年金制度を積立金方式から賦課方式に完全に変更したのだ。つまり、一人ひとりの国民が積み立てて、老後にそれを引き出す方式から、国民全体が納めた保険料を、その時点の高齢者で山分けする方式に変えたのだ。年金保険料の収入は、現役世代の数が減っていくから落ちていく。一方、年金を受け取る高齢者の数は増えていくのだから、当然、年金給付水準を下げて行かざるを得ない。そこで年金給付の水準を切り下げるための「マクロ経済スライド」という仕組みが、このときに導入されたのだ。

現行の保険料収入の山分け方式では、当然のことながら、積立金を必要としない。だから2004年の時点で、年金積立金は無用の存在になってしまったのだ。もちろん、正確に年金財政の収支を合わせることは難しいから、年金財政がある時期に若干の赤字になることも当然ありうる。現在の積立金は、そのための調整弁のような働きをしているのだ。

もちろん121兆円といった莫大な積立金は必要ではない。給付額の数カ月分、つまりいまの10分の1も積立金を持っておけば、十分なのだ。だから、法律さえ変えれば、年金積立金を国債返済に充てることは十分可能だし、充てても何の問題も起きないだろう。

ちなみに、連結の貸借対照表には、公的年金の寄託金という資産項目は計上されていない。資産としてはカウントされているが、その他の有価証券や現預金と混ざって表示されているのだ。

一方、公的年金の寄託金という項目がない代わりに、負債の部に「公的年金預り金」が計上されている。なぜ預り金が「負債」なのかと思われる方も多いだろう。

政府は、この公的年金預り金について、次のように説明している。「将来の年金給付財源に充てるために保有していると認められる資産から未払金相当額を控除した金額を『公的年金預り金』の科目で負債計上する」。

つまりこういうことだ。いま公的年金が抱えている100兆円を超える積立金の資産は、そのまま政府の連結貸借対照表の資産として計上されている。年金積立金は政府のものという扱いになっているのだ。しかし、そのままだと、国のバランスシートがよくなりすぎてしまうと財務省は考えた。そこで、公的年金が抱えている資産額から未払い金を差し引いた額を「公的年金預り金」として、負債の部に計上することによって、政府の純資産から年金の積立金を事実上外しているのだ。

ここまで説明すると、財務省の説明がいかにミスリーディングなものかがわかるだろう。公的年金の積立金は、連結貸借対照表の資産の部にしっかり入っているが、それとほぼ同額の架空債務（公的年金預り金）も負債の部に計上されている。にもかかわらず、財務省は「年金積立金の運用寄託金（１２１兆円）は、将来の年金給付のために積み立てられているもので、赤字国債・建設国債の返済のために取り崩すことは困難です」と言って、資産の部分にだけ触れて、架空債務の話には一切触れていないのだ。財務省の説明を読んだ大部分の国民は、「確かに政府のバランスシートには大きな資産があるからネットの負債が小さく見えるけれど、それは売れない資産なのだから、実質的なネットの負債は大きいんだな」と思ってしまう。しかし、実際には、公的年金の積立金は、純資産としては、もともとカウントされていないのだ。

これだけのインチキをしているのは、さすがに公的年金の資産だけだが、財務省が「売れない」とした資産は、ほとんどが売れるものばかりだ。

道路も堤防も売れる

財務省は、「道路・堤防等の公共用財産については、買い手がおらず、売却の対象とはなり得ない」という。しかしそれは、正しいとは言いがたい。たとえば、イタリアだ。イタリアは、日本と同様に政府債務の残高が大きく、1999年初めからのユーロの導入に向けて、EU委員会から、政府債務残高をGDPの60%以内にするように強く求められていた。そこでイタリア政府が採った行動が、高速道路の売却だったのだ。

イタリア政府は、高速道路を保有するアウトストラーデ社を1999年に民営化したうえで、株式を売却してしまったのだ。そうすれば、高速道路のためにイタリア政府が抱えていた債務は、消滅する。それで国民が困ったかと言えば、そんなこともない。なぜなら、アウトストラーデ社は、高速道路の利用料金収入で経営をして、それまでと同じ高速道路のサービスを提供し続けているからだ。イタリア国民にとって、高速道路の売却は、利用上、何の変化ももたらさなかったのだ。

実は、日本の高速道路もすでに株式会社化されている。ただし、そのすべての株式は、日本政府が保有している。だから、イタリアと同じように、政府保有株を市場で売却してしまえば、道路に関する政府の借金は、すぐにでも減らすことができるのだ。ただし、そう言うと、高速道路は売れても、料金収入を得ることができない一般国道は売れないだろうという反論がすぐに返ってくるだろう。しかし、一般国道を売ることも容易だ。

一般国道の所有権を証券化し、それを小口化して売りに出せばよいのだ。証券の所有者には、国が道路の使用料を毎年支払うようにすればよい。いまは超低金利の時代だから、証券の販売価格の０・１％くらいの使用料を毎年国が支払えば、証券の買い手はいくらでもいるだろう。堤防も同じ仕組みを採れば、簡単に売却することができる。

米国債は売る勇気さえあれば売れる

財務省は、「政府が保有する外貨証券は、別の借金によって調達した資金を財源とした資産だから、赤字国債・建設国債の返済に充てることはできない」としているが、これほどひどいウソはない。

日本政府が保有している外貨証券の大部分は、政府が円高を防ぐために為替《かわせ》市場に介入して、ドル買い・円売りをしたときの残骸《ざんがい》だ。ドルを買っても、現金で持っていても仕方がないので、金利の付く米国債の形で持っているのだ。確かに、為替介入の資金は、政府短期証券を発行することで調達される。しかし、米国債を売れば、政府短期証券を返済することができる。政府短期証券は、連結財務書類の負債の部にしっかり入っている。つまり、国の広義の借金に含まれているのだから、手持ちの米国債を売れば、国の債務は減少するのだ。

日本政府が米国債を売れない理由は、まったく別のところにある。1997年6月、総理大臣を務めていた橋本龍太郎《はしもとりゆうたろう》氏は、ニューヨークのコロンビア大学で講演を行った。そこで、橋本総理は、ほんの軽いジョークのつもりで、「ボクは米国債を売っちゃおうかという誘惑にかられたことがあるんですよ」としゃべった。ところが、その発言がウォール街に伝わると、ニューヨークダウが当時、史上2位の下げ幅を記録してしまったのだ。それ以来、日本の政治家や官僚は、米国債を売るということを一切口にしなくなってしまった。

しかし、それは羹《あつもの》に懲りてなますを吹くのと一緒だ。米国債は世界で一番流動性の高い有価証券だからだ。さすがに一度にまとめて売ったら、世界経済混乱の要因となるが、少しずつ売る分には、まったく問題はないのだ。

自立してもらえば財政融資資金貸付金はなくなる

財政融資資金貸付金（139兆円）は、財投債を財源にしているので、赤字国債の返済には使えないという主張も、米国債の場合と同じ構造で、完全に誤っている。財政融資資金貸付金というのは、政府が日本政策投資銀行などの政府系金融機関に貸し付けているお金だ。そのお金は政府系金融機関を通じて、中小企業や国民に貸し付けられている。なぜ、国が政府系金融機関にカネを貸すのかというと、そのほうが、資金の調達コストが安いからだ。政府系金融機関が融資をするための資金を自ら発行する債券で調達しようとすると、信用力が高くないので、高い金利を支払わないといけない。ところが、日本政府は、財政破綻などしておらず、その信用力はきわめて高いから、政府が代わりに債券を発行すれば、安い金利で資金を調達することができる。これが財投債と呼ばれるものだ。

政府は財投債で調達した資金をそのまま政府系金融機関に貸し付けている。国の連結財務書類（国の貸借対照表）のなかでは、財投債の発行額は、負債の部に計上されているが、資産の部には政府が政府系金融機関に貸し付けたお金が、「貸付金」という形で加えられている。だから、政府系金融機関を完全に民営に移し、国が資金調達を肩代わりするのを止めて、政府系金融機関が自ら資金調達をするように制度を変更すれば、財投債発行分が資産からも負債からも消えてなくなることになる。つまり、グロスの借金は瞬時に減少するのだ。

出資金は完全民営化で回収できる

出資金の回収は、出資先を完全民営化することで回収が可能だ。たとえば、独立行政法人の国立印刷局は、紙幣や郵便切手などの印刷を行っているが、やっていること自体は、印刷会社と同じだ。だから、完全に民営化して、株式を売却すれば、資金を回収して、負債をなくすことができる。かつて国鉄、電電公社、専売公社でやったのとまったく同じことだ。三公社は、それぞれ公的性格を持っていたため、公社形態で運営されたが、民営化して、株式を売却したあとも、公共性は揺らいでいない。

最近の例でいえば、郵政民営化だ。郵政公社を民営化して、日本郵政と傘下の日本郵便、ゆうちょ銀行、かんぽ生命保険に再編した。そして、その株式の売却も始まっている。だから、独立行政法人も、民営化して、株式を売却してしまえば、債務を減らすことが可能になるのだ。国立大学法人も同じだ。国際機関への出資金も脱退すれば取り戻せるが、これだけはすぐに取り戻すのは、簡単ではない。ただし、国際機関への出資金など、政府保有の資産のなかでは、ほんのわずかの存在でしかないのだ。

即座に売るべき政府資産は無数にある

これまでにみてきたように、国の保有する資産のほとんどが、現金化しようと思えばできるものだ。政府はそれをしていないだけなのだ。もちろん、私はすぐにすべての資産を売ったほうがよいとは、思っていない。政府が資産を保有していたほうが、効率的な場合もあるからだ。国道や堤防は政府が持っておいたほうがよいと思う。証券化にはコストがかかるからだ。

ただ、財務省は例示していないが、政府保有資産のなかには、むしろすぐに売ってしまったほうがよいものもたくさんある。たとえば、国家公務員住宅だ。

国家公務員住宅は、戦後の住宅不足のなかで、給与の低い公務員の生活を支えるために造られた。その数は２０１０年で、国が所有するものだけで、18万戸もある（２０１５年9月末時点で16・6万戸）。民主党（当時）政権時代に、債務削減のため、真に公務に必要なものを除いて削減する方針が決められたが、それでも16万戸は必要だとされた。危機管理要員や緊急参集要員などが入居するためだ。

財務省の資料によると、本省の勤務者のうち、「国会対応、法案作成及び予算等の業務に従事し、深夜・早朝における勤務を強いられる」職員には、公務員住宅が必要だというのだ。しかし、私は経済企画庁で2年間勤務したが、埼玉県所沢《ところざわ》市の自宅から通っていた。もちろん、国会対応や法案作成の業務にも携わり、深夜の勤務もしていた。危機管理要員というが、民間企業にも危機管理要員はたくさんいる。しかし、彼らのほとんどは、社宅には住んでいないのだ。

ＩＬＯ（国際労働機関）は、社宅は労働者の思想統制につながるので、望ましくないという見解を示している。だから、国家公務員住宅はすべて売却してしまえばよい。それで困ることはないはずだ。同じ考えで、議員宿舎もすべて売却すべきだろう。東京の国家公務員宿舎も、議員宿舎も都内の一等地にある。かなり高額の売却代金が期待できるから、財政再建も進むだろう。

そして、私が即時売却をすべきだと考えているのが、霞《かすみ》が関《せき》や永田町《ながたちょう》だ。国会議事堂、国会図書館、衆参議員会館、衆参議長公邸、首相公邸、首相官邸、そして霞が関官庁街。

これらは、一等地中の一等地なので、相当高額の売却代金が見込まれる。霞が関や永田町を一括売却して、首都機能は福島県に移せばよい。それが東京一極集中の弊害を減らすことにつながるからだ。

2015年10月に行われた国勢調査で、総人口は1億2711万人と、前回調査から94万7000人減り、調査開始以来、初の人口減となった。さらに問題なのは、地域別のアンバランスだ。

人口が増加したのは沖縄（3・0％増）、東京（2・7％増）、愛知（1・0％増）、埼玉（0・9％増）、神奈川（0・9％増）、福岡（0・6％増）、滋賀（0・2％増）、千葉（0・1％増）の8都県だけだ。

一方、秋田（5・8％減）、福島（5・7％減）、青森（4・7％減）、高知（4・7％減）など東北地方を中心に大幅な人口減少が発生している。安倍晋三《あべしんぞう》政権が掲げる地方創生とは裏腹の結果となっているのだ。

そうしたなか、政府は文化庁を京都府に全面移転する方針を固めた。国会対応や外交関係などの一部の機能を東京に残すほかは、長官も含めて全面移転するという。さらに、消費者庁についても、一部を徳島県へ移転することを決定している。これらの移転は、地方創生を掲げる安倍政権が、アリバイ作りのためにやっている目くらましだと私は思う。文化庁は、文部科学省の外局、消費者庁は内閣府の外局だ。つまり霞が関のなかでは、地位が低い官庁だ。それを地方に移したところで、効果は限られる。本気で地方創生のための移転を考えるのであれば、まず財務省や国土交通省など、大きな権力を握っている官庁から移さなければ、効果がないのだ。

また、中央官庁をバラバラに地方移転させれば、ますます縦割り行政がひどくなる。法案作成でも、国会答弁でも、霞が関では関係省庁に「合議」がかかる。そこで政策調整が行われているのだ。ギリギリの折衝の場合は、膝《ひざ》を突き合わせて話し合いが行われる。省庁をバラバラにしたら、それができなくなってしまう。かと言って、頻繁に出張させたら、旅費や人件費がかさんでしまう。

だから、中央官庁の地方移転を進めるのであれば、まとめて移してしまえばよいのだ。

頓挫した首都移転計画

話は四半世紀前にさかのぼる。1990年11月に衆参両院本会議で、国会等の移転推進が決議された。この決議にもとづいて1992年には「国会等の移転に関する法律」が成立し、国会等移転審議会が移設先候補地の選定に入った。そして、1999年12月に最終候補地として「栃木・福島地域」または「岐阜・愛知地域」の2地域が選定されたのだ。東京一極集中の弊害を解消するためには、国会と霞が関の官庁街を集団移転するしかないという判断だった。

ところが、法律までできあがっているにもかかわらず、政府はのらりくらりと候補地の一本化を見送り、首都機能移転を先送りしてきたのだ。

しかし、今回の国勢調査で明らかになったように、一番人口減が深刻なのは、東北地方だ。その東北地域で首都機能移転先として候補になっているのは、福島県なのだから、いますぐすべての首都機能を福島に移す決断を下すべきなのだ。

そもそも、福島県の人口が減少している一つの大きな原因は、東日本大震災のときに、福島第一原子力発電所が事故を起こしたからだ。事故の最大の責任は、原発政策を推進してきた国にある。だから、国は率先して、福島に行くべきなのだ。世界には経済の中心と政治の中心を分けている国がたくさんある。アメリカ、ドイツ、スイス、ブラジル、数え上げたらきりがない。それで何の問題も起きていないのだから、日本でも問題が起きることはないだろう。

首都機能を福島に移せば、東北に大きな経済効果が生まれる。それは停滞する東北復興を劇的に進めるだろう。そして、それが政府の借金減らしにもつながるのだから、まさに一石二鳥だ。なぜ財務省は、こんな素晴らしい財政再建を進めようとしないのだろうか。

第2章　日銀が日本財政を無借金に変えた

日銀の国債保有残高

前章では、日本の純債務がＧＤＰを大きく下回る４３９兆円に過ぎないことを確認した。しかし、それでも、かなりの純債務が残されている。しかし、話はそこで終わりではない。財政の一番大きなカギを握っているのは、日本銀行なのだ。

アベノミクスの開始以来、日本銀行は大幅な金融緩和を断行してきた。金融緩和というのは、基本的に日銀が民間銀行の保有する国債を買って、その代金として資金を供給する形で行われる。そのペースは、年間80兆円というハイペースで、２０１６年10月には、日銀の国債保有残高が４００兆円を超えることになった。そのことを２０１６年10月12日付の朝日新聞（電子版）は、次のように伝えている。

日本銀行が保有する国債の残高が7日時点で初めて４００兆円を突破した。２０１３年４月に大規模緩和を開始し、大量の国債を銀行などから買ってお金を流している。保有額は3年半で3倍超に増え、発行額の４割近くに達する。緩和で国債の低金利が続き、発行は増えている。事実上は日銀が政府の借金を引き受ける「財政ファイナンス」だとの指摘が強まっている。

日銀が11日まとめた「主要勘定」で明らかになった。大規模緩和前の保有額は約130兆円。黒田東彦（はるひこ）総裁就任後に買い入れが加速した。当初は保有が年50兆円増えるペースで買い、14年10月に80兆円増へ上積みした。政府の毎月発行額の多くを買っている形だ。

日本の債務残高は先進国で最悪の水準だ。国債の発行残高は約1100兆円で、日銀保有分は4割近く。18年に5割を超えるとされる。日銀は国債を買ってお金を流し続けても「物価上昇率2％」を達成できず、政策の軸足を長期金利の操作へ移した。一方で国債保有を増やす政策も続ける。みずほ総合研究所の野口雄裕氏は「国の借金の多くを日銀が引き受けている状況で、すでに財政ファイナンスに近い」と指摘する。

記事のなかに、「財政ファイナンス」という言葉が何度も登場する。これはどういう意味なのか。実は、国債を日銀が買ってくれれば、政府にとって国債は利払いも、元本返済の必要もなくなってしまう、つまり借金が無いも同然になってしまうのだ。

それが、どういう意味なのかを日銀のバランスシート（図表3）をみながら、考えてみよう。

日銀が国債を買って、日銀券を支払うことの意味

２０１５年度末の日銀の資産は、４０６兆円で、そのうち３４９兆円を国債が占めている。つまり日銀の資産の９割は、国債だということになる。一方、日銀が抱えている負債は、日本銀行券が96兆円、そして日銀当座預金が２７５兆円と、この二つで負債の９割を占めている。だから、日銀のバランスシートは、日銀券発行で得た資金と銀行から預かった当座預金で、国債を買っているという構造になっているのだ。ちなみに、日銀券の発行残高と日銀当座預金の合計をマネタリーベースと呼んでいて、これが一番基本的なお金の量ということになっている。つまり、日銀は国債を買って、お金を出す仕事をしているのだ。

まず、マネタリーベースのうち、日本銀行券のほうから考えよう。日銀が、国債を購入して、代金を日銀券で支払ったとしよう。正直に言うと、私は大学の経済学部に進学するまで、日銀は単にお札を印刷して、それをばらまいているだけだと思っていた。しかし、

図表3●日本銀行のバランスシート

（単位：億円）

	平成 26年度末 （A）	平成 27年度末 （B）	比較 (B)−(A)	前年度比%
（資産の部）				
金地金	4,412	4,412	--	--
現金	2,442	2,099	▲342	▲14.0
国債	2,697,921	3,491,955	+794,034	+29.4
（うち長期国債）	2,201,337	3,018,986	+817,648	+37.1
コマーシャル・ペーパー等	19,789	19,699	▲89	▲0.5
社債	32,430	31,703	▲727	▲2.2
金銭の信託（信託財産株式）	13,757	13,692	▲65	▲0.5
金銭の信託（信託財産指数連動型上場投資信託）	44,837	75,676	+30,838	+68.8
金銭の信託（信託財産不動産投資信託）	2,063	2,936	+872	+42.3
貸出金	340,975	340,453	▲522	▲0.2
外国為替	71,125	66,971	▲4,154	▲5.8
代理店勘定	231	326	+95	+41.4
その他資産	3,937	4,585	+647	+16.5
有形固定資産	2,009	1,967	▲42	▲2.1
無形固定資産	1	1	▲0	▲2.2
資産の部合計	3,235,937	4,056,481	+820,544	+25.4
（負債の部）				
発行銀行券	896,732	955,947	+59,215	+6.6
預金	2,060,718	2,829,396	+768,678	+37.3
（うち当座預金）	2,015,564	2,754,394	+738,830	+36.7
政府預金	17,941	187,797	+169,855	10.5倍
売現先勘定	176,082	1,899	▲174,183	▲98.9
その他負債	3,228	1,225	▲2,002	▲62.0
退職給付引当金	1,984	1,963	▲21	▲1.1
債券取引損失引当金	22,433	26,934	+4,501	+20.1
外国為替等取引損失引当金	17,861	15,819	▲2,041	▲11.4
負債の部合計	3,196,983	4,020,984	+824,001	+25.8
（純資産の部）				
資本金	1	1	--	--
法定準備金	28,862	31,385	+2,522	+8.7
特別準備金	0	0	--	--
当期剰余金	10,090	4,110	▲5,979	▲59.3
純資産の部合計	38,954	35,497	▲3,456	▲8.9
負債および純資産の部合計	3,235,937	4,056,481	+820,544	+25.4

（注1）計数については、円単位での計算後、億円未満を切り捨てて表示しているため、表上の合計額とは必ずしも一致しない。

（注2）<−>の表記は、計算上ゼロあるいは該当数字なしを示し、<0>の表記は、単位未満を切り捨てた場合のゼロを示す。

そうではないのだ。いまの日銀券は兌換《だかん》券ではないから、日銀に持ち込んでも金（きん）と交換してくれたりはしないが、日銀券のバックには国債という資産を抱えているのだ。それでは、日銀が国債を買って、日銀券を支払うということは、どのような意味を持つのだろうか。

国債を民間が保有していれば、政府は毎年国債の利払いをしなければならないし、満期がきたら元本を返済しなければならない。しかし、日銀が持てば、話は別だ。政府はとりあえず日銀にも利払いをしなければならないが、その利払い分は、政府に戻ってくる。日銀は剰余金をすべて政府に納付することになっているからだ。また、日銀が国債を持ち続けてくれる限り、政府は元本を返済する必要もないのだ。

つまり、日銀が国債を買って、日銀券を発行するということは、政府・日銀を一体として考えれば、国債を日銀券にすり替えるということを意味する。日銀券に利払いはされないし、元本返済がなされることは、もともとないから、日銀が国債を買った瞬間に、借金が消えるのだ。

一方、銀行が日銀に当座預金を預けて、その資金で国債を買っている部分はどうだろうか。この分についても、政府が日銀に支払った国債の利払いが、政府に戻ってくるというのはまったく同じだ。ただし、当座預金は、預けるか引き出すかの判断を民間銀行が握っている。ただ、もし、民間銀行が日銀に預けた当座預金を引き出したいと言い出したら、その分を日本銀行券で払ってやればよい。そうすれば、日銀のバランスシートでみると、負債に計上された当座預金が日銀券に切り替わるわけだ。日銀券は返さなくてよい負債だから、当座預金を日銀券に換えた瞬間に国の債務が消滅することになるのだ。

金融引き締めはどうするか？

問題は、日銀が金融引き締めのために資金供給を減らしたいと考えたときだ。マネタリーベースを減らそうと思えば、日銀は国債を売らなければならなくなる。金融緩和は、国債を買って、代金として資金を供給するのだから、金融引き締めは、国債を売って、資金を回収する。実際に過去そうした金融調整が行われたことがある。そうなると、金融引き締め時には国債が民間の手に渡ることになるから、政府はその分の国債の元本返済や利払いをしなければならなくなる。その可能性は否定できない。

ただし、日銀が資金供給量の伸びを小さくする引き締めはあっても、資金供給そのものを縮減する金融引き締めが必要になる可能性は当分の間、ないだろう。現在、年間80兆円ものペースで国債を買い続けていて、物価のマイナスが続いているのだ。資金供給の伸びを減らすだけで、十分な金融引き締めの効果があるからだ。

ちなみに、この当座預金に関しては、2016年12月1日のダイヤモンド・オンラインに、嘉悦大学の髙橋洋一教授が「日銀当座預金に債務性はあるはずがない。田中秀明教授に再反論」という論文を寄せている。非常に専門的な話なので、わかりにくいかもしれないが、引用しておこう。

会計上負担になる債務性がないのは明らか

筆者は4週間前に本コラムで「日銀当座預金を民間銀行の「預金」と勘違いする人々へ」を書いた。田中秀明・明治大教授がそれに反論した「埋蔵金と日銀の国債購入で日本の借金は消えるのか？高橋洋一教授に反論！」というので、今回はその再反論と思っていた。

ところが、ネットで探してみると、「民間銀行の日銀当座預金残高の本質〜日銀の保有国債は政府の負債と相殺して見ることができるか？〜」で、竹中正治氏が、田中氏と筆者の論考を比較し、筆者の主張が妥当であるとしている。

論争の本質部分は、これでおしまいである。

当然だろう、日銀当座預金に統合政府の会計上、債務性があるはずがない。これは、単純な思考実験でもわかる。今の日銀による金融緩和ではなく、政府紙幣の発行による金融緩和を考えてみればいい。日銀当座預金は、政府紙幣（これは日銀券と同じ）に置き換わるわけであるので、会計上負担になるような債務性がないのは、明らかだろう。

経済学者はすこぶる会計に弱い。連結ＢＳとかいうと、さっぱりお手上げの学者が多いが、この程度は簿記レベルの話である。

統合政府のバランスシートで考えるというのは、日銀が購入した有償還・有利子の国債が、無償還・無利子のマネタリーベースと置き換えられることを意味する。このため、統合政府のバランスシートの負債は、負債側は国債等９５０兆円、日銀券１００兆円、日銀当座預金３００兆円となるが、マネタリーベースの４００兆円は実質的に負債から除いて考えてもいい。

これは、中央銀行という発券銀行たるゆえんである。実務的に見ても、日銀が購入した国債の利払費は政府が払っても日銀納付金で返ってくるし、償還費も日

銀乗り換え（日銀引き受け）で不要である。

財政ファイナンスという魔法？

髙橋教授が言う「統合政府」とは、日銀が政府の子会社であるから、政府と日銀を連結決算したときの広い意味の政府のことだ。統合政府の視点から見ると、日銀が国債を買い、それを日銀券や日銀当座預金にすり替えた瞬間に、その国債は政府の借金ではなくなる。利払いも元本返済も必要な国債を利払いも元本返済も必要ないマネタリーベースにすり替える。これが「財政ファイナンス」の意味だ。まるで魔法のように思われるかもしれない。

しかし、冷静に考えてほしい。たとえば、あなたが全権を掌握する王様だったとする。当然、通貨の発行権も握っている。王室の生活を支えるためにあなたは、王立銀行券を作って支払いに充てる。その銀行券はその後民の間を流通していくが、あなたが最初に発行した銀行券で買ったモノやサービスは、一切返済の必要がない。つまり通貨を発行すると、印刷費を除いた全額が、発行者の手元に残るのだ。これを通貨発行益と呼んでいる。通貨発行益を活用する財政手法は、経常的に行われてきたし、それを大胆に行うことも、過去に何度もあった。たとえば、太平洋戦争の際に、戦費調達のため、日本政府は日銀に大量の国債を引き受けさせた。ただし、そのことが原因で、高率の戦時インフレを招いてしまった。お金をたくさん供給するからお金の価値が落ちる、すなわちインフレになるのだ。

その苦い経験から、いまでも財政法で、日銀の国債の直接引き受けは禁止されている。しかし、日銀が政府から直接国債を引き受けようと、市場を通じて買おうと、日銀が国債を保有するという事実に変わりはない。だから、安倍政権がやったことは、明確な財政ファイナンスなのだ。

金融緩和の三つの副作用がすべてプラスに働く国

しかし、財政ファイナンスが可能なら、なぜ他の国が同じことをやらないのだろう。実は、中央銀行が国債を買うと、三つの副作用が生まれる。一つは、物価が上がってしまうということ、二つ目は国債の価格が下落すること、三つ目はその国の通貨が安くなるということだ。

これらは、通常の経済状況だったら、大きな問題になる。しかし、いまの日本ではまったく問題にならない。第一の物価上昇だが、現在の消費者物価指数は、前年比マイナスであり、日銀が掲げる2％上昇という目標に遠く及んでいない。つまり、いまの日本にとっては、物価が上がることのほうが、よいことなのだ。

第二の国債価格の下落は、いまの日本では心配がない。10年国債でも、ゼロ金利になっているからだ。むしろ少々国債価格が値下がりして、プラスの金利がつくことのほうが、金融市場の正常化のためには、望ましいことだ。

第三の通貨安についても、2017年1月下旬現在の為替《かわせ》レートは、1ドル＝110円台で、2016年初めの120円からみても、円高が進んでいる。だから、本来の為替水準に戻すためにも少々の円安は、進んだほうが望ましいのだ。

金融緩和の三つの副作用がすべてプラスに働く国は、現代の日本くらいしかない。アベノミクスは、この好条件を活《い》かして、財政再建を進めてきたのだ。

日本は、実質無借金経営を達成する

さて、日本の連結純債務は439兆円だった。一方、日銀が保有する国債は400兆円を超え、いまの国債購入のペースが続くと、2016年度末（2017年3月）には440兆円程度になるから、2016年度末をもって、日本政府は実質無借金経営を達成することになる。長く険しい道のりだった財政再建が、ようやく達成されたのだ。

その状況を時系列でみていこう。図表４（58ページ）は、連結財務書類でみた純債務と日銀の国債保有額、そして両者を合計した実質連結純債務の推移をみたものだ。

これをみると、１９９８年度は連結純債務が１３４兆円と、財政状況はけっして悪くなかった。ところが、そこから財政は毎年のように悪化していき、２０１３年度には連結純債務が４５１兆円と急激に大きくなっていった。この間、何が起きたのかと言えば、デフレだ。デフレは財政を破壊すると言われるが、その通りのことが起こったのだ。

実際、税収の推移をみても、そのことはわかる。消費税率を３％から５％に引き上げた１９９７年度から、日本経済はデフレに突入した。デフレになれば当然税収は減っていく。１９９７年度に54兆円あった税収は、ずるずると落ちていき、２００９年には39兆円まで減ってしまったのだ。ところが安倍政権の金融緩和でデフレにブレーキがかかったため、税収は急拡大していく。予算ベースだが、２０１６年度には58兆円まで税収が増加したのだ。税収が増えれば、当然、借金は増えない。図表４の純債務が、安倍政権になってから完全に頭打ちになっていることがわかるだろう。

そして、安倍政権になってから急増しているのが、日銀の国債保有だ。この国債保有の急拡大によって、実質連結純債務は、とてつもない勢いで、ゼロに向かっていったのだ。

図表4●連結財務諸表からみた日本財政の推移

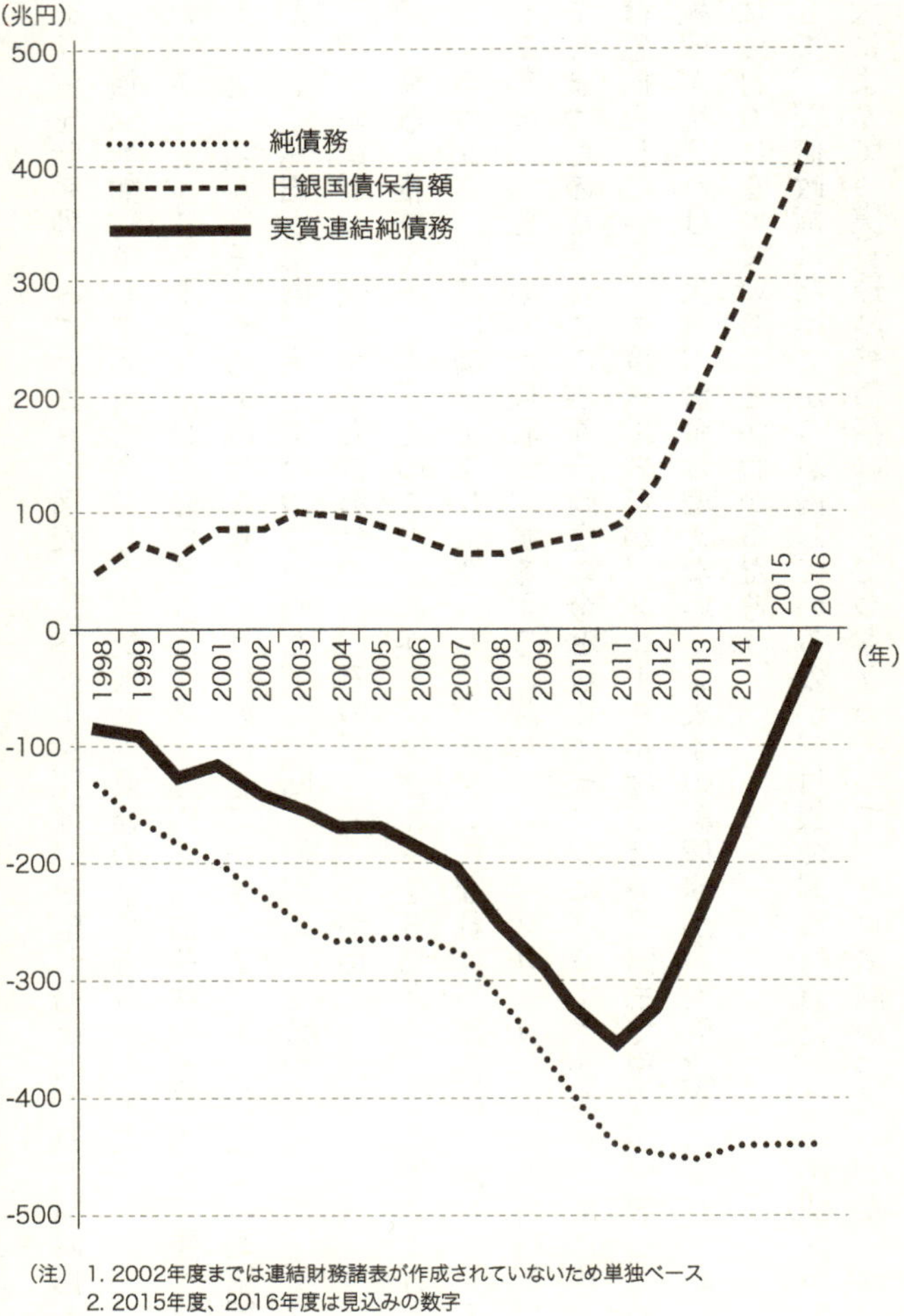

(注) 1. 2002年度までは連結財務諸表が作成されていないため単独ベース
2. 2015年度、2016年度は見込みの数字

(データ出所)財務省ホームページ、日本銀行ホームページ

連結純債務から日銀の国債保有額を差し引くことに違和感を覚える方もいるかもしれない。しかし、こう考えたらどうだろうか。国の貸借対照表では、負債の部に「公的年金預り金」が計上されている。これは、先に触れたように、公的年金が抱えている資産額から未払い金を差し引いた額を「公的年金預り金」として負債の部に計上することによって、政府の純資産から年金の積立金を事実上外す操作だ。これと同じ操作を国債でも、行えばよいのだ。国債のうち日銀が保有する分は、返さなくてよい借金なのだから、それを国の貸借対照表の資産の部に、「通貨発行益」として計上するのだ。この操作をしたときの純債務がグラフに示した実質連結純債務ということになる。

日本の財政は通貨発行益を使う仕組みになっていない。だから、いままでの通貨発行益はそっくりそのまま、政府の手元に残っている。だから、全額を資産に計上してもまったく問題はないのだ。

ヘリコプターマネーという手法

通貨発行益を財政資金として使用する手法は、ヘリコプターマネーと呼ばれている。ヘリコプターマネーというのは、政府や中央銀行が、まるでヘリコプターからお金をばらまくように、市中に貨幣を供給することから名づけられた。このヘリコプターマネーは、日本ではとても評判が悪い。まるで打ち出の小槌《こづち》のような魔法がありうるはずがないという先入観があるからだ。だから、主要政党のなかで、ヘリコプターマネーを支持する政党はないし、官僚も、財界人も、そして安倍総理までが、ヘリコプターマネーの実施を否定している。しかし、私は、このヘリコプターマネーに対する無理解こそが、バブル崩壊以降、四半世紀にわたって日本経済を低迷させた最大の原因だと考えている。

ヘリコプターマネーは、けっしてあやしいものではない。ヘリコプターマネーのアイデアは、ノーベル経済学賞受賞者であるミルトン・フリードマンが1969年に提唱し、同じくノーベル経済学賞受賞者であるポール・クルーグマンが同様の政策を日本経済に対して提案し、ベン・バーナンキ前FRB（連邦準備制度理事会）議長が導入を推奨するなど、多くの偉大な経済学者が支持をしている。

まず、ヘリコプターマネーの歴史から見ていこう。ヘリコプターマネーは、昔から行われてきた。ヘリコプターマネーの元祖は、ジョン・ローのミシシッピー・システムだと言われている。スコットランド出身のジョン・ローは、1718年に財政破綻《はたん》状態に陥っていたフランスで、銀行設立の許可を得て、王立銀行を設立し、総裁の座についた。ジョョン・ローの目的は、通貨発行益でフランスの財政を再建することだった。王立銀行の銀行券で納税を可能にしたことで、王立銀行券は徐々に普及していったが、その爆発的な普及の原動力となったのは、「ミシシッピー会社」の設立だった。当時、フランス領だったアメリカのルイジアナで金の鉱脈がみつかり、それを採掘する権利を独占したのがミシシッピー会社だった。このミシシッピー会社の株式は、王立銀行の銀行券で買えることになっていた。株式の値上がりを期待したフランス国民は、保有する国債を政府に売って、王立銀行券を手にし、その銀行券でミシシッピー会社の株式を買ったのだ。政府が国債の買い取りに必要とする王立銀行券は、王立銀行が政府に貸し付けた。その結果、フランス経済は、通貨供給量の拡大にともなって活性化すると同時に、財政再建も大きく進んだ。これを政府の立場からみると、政府は国債を王立銀行券にすり替えることによって、財政再建を果たしたのだ。しかし、ジョン・ローの仕掛けには致命的な欠陥があった。実は、ミシシッピー会社が開発するとした金鉱床が、現実には存在しなかったのだ。つまり、フランス国民は、架空の事業に投資したことになる。ミシシッピー会社の株式はやがて暴落し、王立銀行の銀行券も価値を失った。その結果、ジョン・ローはフランスを追われることになった。そのため、ジョン・ローは「稀代《きだい》の詐欺師」とか「錬金術師」と呼ばれるようになったが、ジョン・ローの失敗は、ありもしない事業をでっちあげてバブルを起こしたことにあって、ヘリコプターマネーが経済活性化と財政健全化に大きく寄与したという事実は、このときも確認されているのだ。

明治維新で実行されたヘリコプターマネー

日本でも、大規模なヘリコプターマネーは実施されている。明治維新のときだ。明治維新という日本の経済社会を根本から作り替える大改革を支えるには、莫大《ばくだい》な資金が必要だった。その資金を明治政府は、政府紙幣の発行でまかなったのだ。政府紙幣というのは、中央銀行ではなく、政府が発行する紙幣だ。政府が発行する紙幣だから、発行額から印刷費を除いた全額が、通貨発行益として、直接政府の手元に残る。

明治政府は、1868（慶応《けいおう》四）年に殖産興業の資金を得るために政府紙幣である「太政官札《だじょうかんさつ》」を発行した。その発行残高は4800万両に及んだ。明治初期の物価を正確に把握するのは困難だが、現在までに物価がおよそ1万倍に上昇しているとみられることから、太政官札で明治政府が得た財政資金はいまの物価で4800億円という巨額に及んでいる。

しかし、太政官札は当初から期限付きの政府紙幣であったため、1872年に政府は、同じ政府紙幣である明治通宝を発行した。太政官札の大部分は、明治通宝に交換されたのだ。だが、明治通宝が発行されて５年後の１８７７年に西南《せいなん》戦争が勃発《ぼっぱつ》し、明治政府は戦費調達のため、明治通宝の大量発行に踏み切った。その結果、激しいインフレが発生してしまった。そこで、明治政府は、通貨の安定をはかるべく、１８８２年に日本銀行を設立し、１８８５年から日本銀行券（兌換銀行券）が発行されることになったのだ。明治通宝は１８９９年に正式に運用停止となった。

太平洋戦争の際は、戦費調達のために戦時国債が発行され、それを日本銀行が引き受けたため、通貨の発行量が異常に高まり、結果的にインフレが昂進《こうしん》し、それは戦後になっても収まらないどころか、むしろ爆発的に進んだ。それをきっかけに、戦後の財政法で、日銀による国債の直接引き受けが禁止されることになったのだ。

戦後、沖縄の米軍の財政を支えた「B円」

ちなみに、日本で最近まで使われた政府紙幣は、「B円」だ。１９４５年９月２日、日本が降伏文書に署名した直後、ＧＨＱは日本政府に「三布告」の即時実施を突きつけた。三布告というのは、通貨の発行権と司法権をＧＨＱが握るとともに、公用語を英語にするというものだった。ポツダム宣言に違反するこの指令は、幸いにも外務官僚の機転と命を賭《と》した交渉によって実施が見送られることになったが、米軍の施政下に置かれた沖縄では、米軍による通貨（厳密には軍票）の発行が行われた。１９４６年４月15日、米軍はＢ円を沖縄の公式通貨と定め、その後、日本円の流通を原則禁止としたため、Ｂ円は沖縄で使われる唯一の通貨となった。そのＢ円を使って、米軍は米軍基地の建設や駐留経費の支払いを行ったのだ。つまり米軍は、Ｂ円の印刷代だけで、沖縄の労働力を使い、物資を調達したことになる。しかも、当初は１日本円＝１Ｂ円という為替レートだったが、１９５０年４月に米軍は、３日本円＝１Ｂ円へと通貨の切り上げを行った。米軍が自国通貨の価値を高めて、より多くのモノやサービスを手に入れるためだったが、このＢ円高政策によって、沖縄の産業は、本土への競争力を失い、製造業の空洞化が進んでしまったのだ。沖縄で10年以上米軍の財政を支えたＢ円は１９５８年９月に米ドルへの交換が行われることになり、廃止された。ちなみに太平洋戦争の際には、日本軍も進駐先各地で軍票を発行して、通貨発行益を手にしている。

ここに書いたのはヘリコプターマネーの歴史のほんの一部だ。そして、貨幣経済の歴史を振り返ると、各国政府や軍隊が、ずっと貨幣発行の利益を財源として使い続けてきたことがわかる。しかも通貨発行益は、戦時とか財政破綻時といった有事の際だけでなく、平時にも使われ続けているのだ。

有事だけでなく平時でも使われる通貨発行益

たとえば、日本政府が国債を発行して、日銀がそれを買い取る。日銀が保有する国債には利払いがなされるが、その利息の大部分は、日銀の剰余金として、政府に全額納付される。それを通貨発行益と呼ぶ経済学者もいる。本当は、日銀の剰余金収入は、通貨発行益の運用益のようなものなのだが、それを政府は歳入として毎年の予算のなかで活用してきているのだ。ただし、本当の通貨発行益は、日銀が買い取った国債額そのものから印刷代を差し引いたものになる。日銀が国債を保有し続けている限り、政府は元本返済の必要がないからだ。だから、本来であれば、国債の日銀買い取りにもとづく通貨発行益は、税収とともに、政府の歳入としてきちんと位置づけるべき性格のものなのだ。それをせずに、いわば秘密の財源としてずっと隠してきたというのが、これまでの日本財政の歴史なのだ。

そして、歴史を振り返れば、通貨発行益を財源として活用することは、平時にはまったく問題を起こしていない。それが問題になるのは、貨幣の供給を増やしすぎて、インフレになってしまうときに限られているのだ。

太平洋戦争の際に発行された戦時国債の額は、GDPの約8倍、いまの金額に直すと、4000兆円という巨額のものだったのだ。いまでも、それくらいのことをやったら、高率のインフレが到来する可能性はあるだろう。しかし、いま日本政府が抱えている実質債務はGDPを下回る水準だ。太平洋戦争のときと比べたら、ケタ違いに債務が小さいのだから、高率のインフレを招く可能性はほとんどないと言えるだろう。

だから、誤解を恐れずに言えば、ヘリコプターマネーを活用することに後ろめたさを感じる必要はなく、堂々と財源の一つとして活用すればよいのだと思う。

いま行うべき政策

新進気鋭の経済学者の井上智洋《いのうえともひろ》氏も、著書『ヘリコプターマネー』（日本経済新聞出版社）のなかで、「ヘリコプターマネーは、昔から行われており、いまも行われており、これからも行うしかない政策だ」と断言している。

井上智洋氏によれば、ヘリコプターマネーは、大きく分けて、政府紙幣を発行する直接方式と、国債を中央銀行が買い取り、その資金を財政資金に充てる財政ファイナンスという二つの方式がある。両者は、銀行が日銀に法定準備を超える預金（いわゆるブタ積み）を抱えている現状では、まったく同じ効果を発揮する。

金融市場が正常で、プラスの金利がついているときは、通常のルートで金融緩和の効果が発揮される。中央銀行が銀行の保有している国債を購入して、代金を銀行が持つ日銀当座預金の口座に振り込むと、銀行はその預金の何倍ものお金を新たな融資に回すことが可能になる。経済学の教科書に必ず登場する「信用創造」という仕組みだ。銀行が企業に融資をするときに現金を渡すことはほとんどない。企業の銀行口座に振り込むのだ。そうすると、融資をした途端に預金の量が増えるから、それを原資にまた融資ができる。つまり、銀行は預金量の何倍もの融資ができる。銀行は、お金を作り出せるのだ。そうなると、世の中に出回るお金が増えるから、景気がよくなる。ところが、資金需要が乏しいデフレの状況だと、銀行は日銀に国債を売って資金を手にしたところで、それを融資に回すことができない。結局、銀行は日銀当座預金に資金を放置するしかなくなるのだ。これでは、世の中に出回るお金の量が増えないから、景気はよくならない。

図表5（68ページ）は井上智洋氏が作ったチャート図だが、これをみるとわかりやすい。いまの金融緩和は、日銀が民間銀行の持つ国債を買い取って、代金を日銀当座預金に振り

図表5●間接的財政のファイナンス

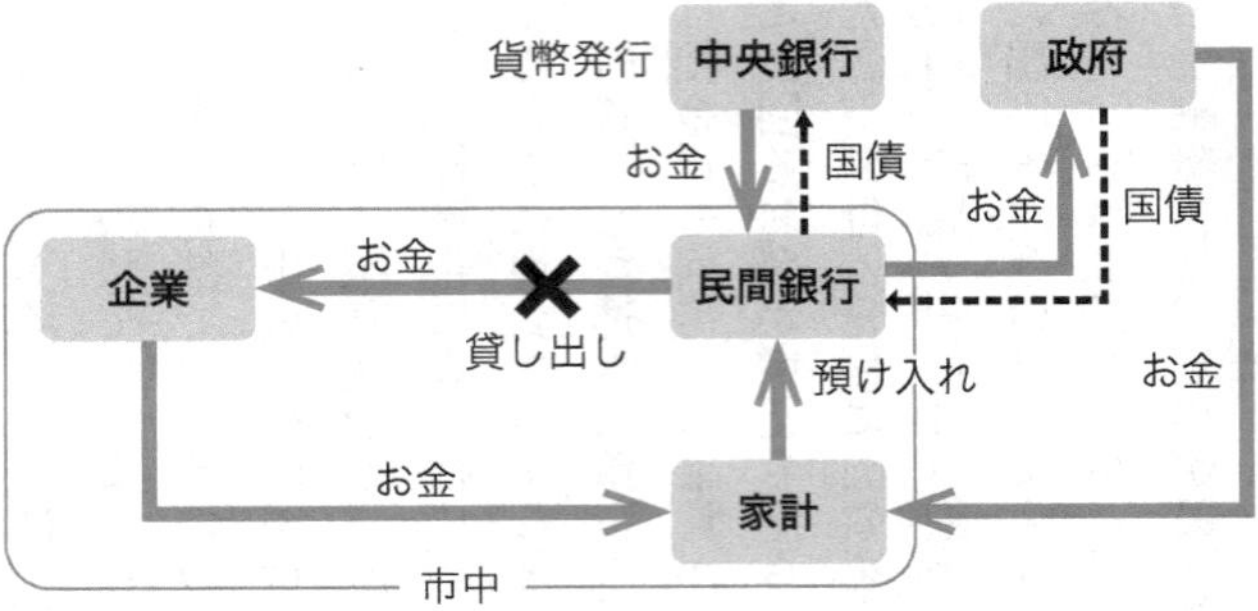

（出所）井上智洋『ヘリコプターマネー』（日本経済新聞出版社）

込む形で行われている。デフレ下では、民間銀行はその資金を融資に回すことができない。資金需要がなく、無理をして融資額を増やすと、それが不良債権になってしまうからだ。

そこで、やらなければならないのは、中央銀行による国債買い取りで得た通貨発行益を減税などの形で政府が国民に戻すことだ。銀行に資金を渡しても融資に回らないなら、国民に直接資金を渡せば、国民の持つお金が増えるから、消費が増えて景気が回復するのだ。井上智洋氏も、ヘリコプターマネーは、「金融政策と財政政策の組み合わせだ」と断言している。

アベノミクスの過ちを参謀が認めた

私は、その見方は当然のことだと考えていたのだが、ショッキングな事件が起こった。2017年新年特別号の『文藝春秋』に、浜田宏一《はまだこういち》元イエール大学教授の「『アベノミクス』私は考え直した」というインタビュー記事が掲載されたのだ。この記事は、一人の経済学者の転向を意味するだけでは済まない。浜田氏は、内閣官房参与として安倍総理の経済参謀を務めているだけでなく、アベノミクスのシナリオを描いた中心人物だからだ。その浜田氏が、アベノミクスの過ちを指摘したのだ。

浜田氏は、アベノミクスを全面否定しているわけではない。安倍政権になってから、株価は2倍になり、労働市場も大幅に改善した。しかし、問題は肝心のデフレ脱却がまったく達成されていないことだ。アベノミクスの物価目標は、消費者物価上昇率で2％だった。そのインフレターゲットを量的金融緩和によって達成することで、デフレマインドを払拭《ふっしょく》するというのが、最大の目的だったのだ。ところが2016年10月の消費者物価指数（生鮮品を除く総合）は、前年比▲0・4％で、物価目標に遠く及んでいない。

なぜ物価が上がらないのか。浜田氏は2016年8月に発表されたプリンストン大学のクリストファー・シムズ教授の論文を読んで、自分の考え方の誤りに気付いたという。量的金融緩和だけではだめで、それと財政政策を組み合わせないといけないと気付いたというのだ。

浜田氏のインタビュー記事を引用しよう。


マイナス金利政策で、確かに金利は下がりました。しかし、理論上あるはずの〝円安効果〟は一切ありませんでした。

そんな矢先の一六年八月。〝世界の中央銀行のお祭〟ともいえる「ジャクソンホール会議」で、プリンストン大学教授のクリストファー・シムズ氏による基調報告がありました。シムズ氏は計量経済学の専門家で、一一年にはマクロ経済における因果関係の統計的な研究に関する功績により、ノーベル経済学賞を受賞しています。

私はシムズ氏の論文を読み、衝撃を受けました。「金融政策はなぜ効かないのか」という問いに、明快な答えを与えていたからです。シムズ氏は「金融政策が効かない原因は『財政』にある」というのです。

中央銀行が量的緩和で貨幣量をふやしても、同時に政府が財政赤字を減らそうとして増税を行えば、インフレにはならず、デフレになってしまう――。シムズ氏の分析は〈貨幣の価値を究極的に保証しているのは国家の徴税権力である〉とする物価水準の財政理論（ＦＴＰＬ）の応用でした。そして、現在の日本の状況も例に挙げて、なぜ金融政策だけではうまくいかないかをずばりと言い当てていました。

シムズ氏は、金融緩和が有効であることを認めたうえで「より強い効果を出すためには、減税など財政拡大と組み合わせよ」と提唱しています。従来の経済学では、財政規律が緩むと、過度なインフレを招くうえに財政赤字はかさみ、経済にダメージを与えることが強調されていました。しかし、シムズ氏は意図的に「赤字があっても、財政を拡大するべき（時もある）」と主張します。これは斬新なアイデアでした。

シムズ氏の論文の内容にハッとさせられたのには理由があります。

トランプ氏当選以前の円高傾向について、私は外国の実務家仲間と議論を交わしていました。

「海外のヘッジファンドの投機が円を高含みにしているのではないか」

こう主張する私に対し、ある友人がこう指摘してきたのです。

「日本の財政はこのままで良いのか？　消費増税と、将来のさらなる増税への見通しが、為替投機以上に日本経済の足を引っ張っていないだろうか」

その時は聞き流していましたが、シムズ氏の論文を読み、両者が繋がったわけです。

これまで私は金融政策については様々な意見を述べてきましたが、財政政策についての意見は「消費増税反対」などに限られていました。しかし、シムズ氏の論文を読み、ＱＱＥが効かず、インフレが起こらない理由は、「財政とセットで行っていないからだ」と分かったのです。

（注）　ＱＱＥ：量的金融緩和

金融緩和と財政出動がセットでなかった

若手の経済学者である井上智洋氏が、ごく普通に指摘していることに、偉大な経済学者である浜田氏が気付いていなかったことに、逆に私は驚いた。アベノミクスの当初の３本の矢は、①金融緩和、②財政出動、③成長戦略だった。そのシナリオを描いた浜田氏は、当然のこととして、金融緩和を財政出動と組み合わせないといけないということは、わかっているはずだと考えていたのだ。

量的金融緩和で、せっかく資金が銀行に回っても、その資金が日銀の当座預金に積み上がる「ブタ積み」になってしまう状況にどう対応すればよいのか。その答えは、日銀が国債を購入した分、政府が新たな国債を発行して、そこで得た財政資金を減税などの形で国民に還元することだ。そうすれば、直接国民にお金が回るから、需要が増え、物価も上がり出す。

もちろん、見た目には赤字国債が増えることになるが、それは問題がない。日銀が保有した国債は、日銀が保有し続ける限り、元本返済の必要がないし、日銀に支払った国債金利は、日銀剰余金の国庫納付という形で政府に戻ってくるからだ。

浜田氏は、インタビュー記事の最後を、こう締めくくっている。「ここまでうまく働いた金融政策の手綱を緩めることなく、減税も含めた財政政策で刺激を加えれば、アベノミクスの将来は実に明るいのです」。

私は、浜田氏の「減税も含めた財政政策」という言葉の、「減税も含めた」というところに本音があるのではないかと考えている。

減税でなく、増税という誤り

アベノミクスは、本来、金融緩和＋減税をやらないといけなかったのに、金融緩和＋消費税増税という誤った政策の組み合わせを行ってしまった。ただ、浜田氏は、内閣官房参与として政府の一員を務めている。だから、安倍政権が断行した消費税増税のせいでアベノミクスがうまく行っていないとはなかなか言えない。そこで財政政策というオブラートにくるんで、消費税減税を主張しているのではないだろうか。そして、その消費税減税さえ断行できれば、私もアベノミクスの未来は明るいと考えている。

現在、日銀は年間80兆円のペースで国債を買っている。その分は返さなくてよい上に財政資金が毎年政府に転がり込んでいる。一つの思考実験として、これをすべて減税で戻したとすると、国民１人あたりだと63万円、４人家族だと２５２万円だ。それだけのお金が政府からばらまかれたら、消費が爆発して、物価が上がり出すだろう。

「お金をばらまいても、消費者はその資金を貯蓄に回すので、消費は増えない」と主張する経済学者もいる。確かに、手元にお金が配られても、それが将来、増税となって跳ね返ってくるのであれば、消費者は貯蓄をするだろう。しかし、ヘリコプターマネーは返す必要のない借金を財源としているのだから、将来の増税はない。それでも、全額貯金をする消費者は残るだろうが、大部分の国民はお金を使うだろう。ただでさえ、生活に余裕がないからだ。

経済学の歴史的転換

話をヘリコプターマネーに戻そう。ヘリコプターマネーは、見方を変えると、政府や中央銀行がお金を作り出す政策だ。バーナンキ前FRB議長は、2016年7月12日の安倍総理との会談で、「アベノミクスは大変な成果を残している。今のまま続けてください」と伝えて、国債の大量購入で資金供給を拡大したアベノミクスの手法を高く評価した。

しかし、先に述べたように、お金を作り出せるのは、政府や中央銀行だけではない。民間銀行も、信用創造でお金を作り出している。これまでの経済学では、政府や中央銀行が過度にお金を作り出すと、インフレになって経済が混乱するから、金融緩和に関しては、きわめて慎重だったが、民間銀行が作り出すお金については野放しだった。むしろ、民間銀行がより多くのお金を作り出せるように、政府や中央銀行は金融政策でサポートするべきだという考え方が支配的だったのだ。

ところが、歴史を振り返ると、バブル崩壊後の日本が厳しい経済低迷を強いられたのは、バブル期に民間銀行が信用創造を膨らませすぎたからだし、2008年9月のリーマンショックが「100年に一度の経済危機」をもたらしたのも、最大の原因は、民間金融機関が、金融工学を使ってとてつもない信用創造を行ったからだ。

こうした視点から考えると、規制すべきは民間金融機関であり、政府や中央銀行には、もっと自由度を与えてもよいのではないかという考え方は当然出てくる。この点で、非常に興味深い指摘をしているのが、アデア・ターナー元イギリス金融サービス機構長官だ。金融サービス機構長官というのは、日本で言うと、金融庁長官のようなポストだ。ターナー氏は、近著『債務、さもなくば悪魔　ヘリコプターマネーは世界を救うか？』（日経BP社）で、日本語版のために序文を書き下ろしているが、そのなかでこう指摘しているのだ。

マネタリーファイナンスの技術的な論理は明快である。政府が減税を実施するか、国民に直接現金を配るか、財政支出を増やす一方、中央銀行がこの財源を新規通貨の発行で賄えば、マイナス金利や国債発行による財政出動など、他の政策

が効かない時でも常に需要は刺激される。物価と成長率に対する影響は、刺激の規模に依存する。この政策が必然的に過度なインフレを引き起こすとの主張は、単純に誤っている。また、将来の「インフレ税」や銀行収益に対する暗黙の税が見込まれるので効果がないとの主張は、混乱した論理に基づいている。このため、ヘリコプターマネーについて唯一の反論、とはいえきわめて重要な反論は、政治的なものになる。どれだけ規模が小さくとも、いったんタブーを破ってマネタリーファイナンスを実施してしまうと、政治家が際限なくマネタリーファイナンスを求め、インフレが亢進するのではないか、というものだ。だが、このリスクは、物価目標を掲げる独立した中央銀行に、マネタリーファイナンスの規模の上限の決定権を付与することで抑制することができる。

ターナー氏は、民間金融機関の信用創造を厳しく規制するとともに、政府と中央銀行については、インフレ目標の厳守を前提に、ヘリコプターマネーを実施すべきだと主張しているのだ。

ヘリコプターマネー政策は、政府が中央銀行に国債を買わせることによって、実質的な借金を増やさない形で、財政出動や家計や企業に対する減税行うのが一般的だ。ところが安倍政権が行ったのは、一般的なヘリコプターマネー政策とは一部が根本的に異なる。一般的なヘリコプターマネーの場合は、通貨発行で得た資金を減税などの財政出動に振り向けるのだが、安倍政権はそうしなかった。財政支出は緊縮を続けたのだ。それどころか、消費税率の引き上げという大規模な財政引き締めを行ったのだ。その結果、とてつもない勢いで実質連結債務がゼロに向かっていった。財政ファイナンスで財政を再建する。最近では例のない財政・金融政策、ジョン・ローがフランスの財政破綻を救ったのに近い財政政策を安倍政権は行ったのだ。

ハイパーインフレが襲う!?

もちろん、「日銀が国債を買えば、その分だけ借金が消える」というメカニズムそのものを否定する声が根強いことも事実だ。

よくなされる批判は、日銀が国債の買い入れを続けると、ある日突然、とてつもなく高い率のインフレが経済を襲い、それ以降インフレのコントロールが利かなくなってしまうという主張だ。こうした主張は財務省や日銀関係者からなされることが多い。しかし、何の兆候もなく、金融緩和を続けていくと、突然高い率のインフレが現れるということが、本当にありうるのだろうか。もちろん、とてつもない額の国債を日銀が引き受けて、資金供給を拡大すれば、高い率のインフレが襲うということは、間違いのない事実だ。

たとえば、日中戦争から太平洋戦争に投入された戦費は、そのほとんどが戦時国債によって調達された。当時の国民は、国から国債を購入するよう強く推奨されたが、国民生活に余裕があるはずもなく、その大部分は日銀によって引き受けられた。日本政府は、このときの国債を支払い不能にせず、戦後も償還を続けたが、戦争中から始まった高率のインフレで、償還金の実質的な価値はほとんどなくなってしまった。

もう一つ、高率のインフレを招いた例として、挙げられることが多いのが、１９７０年代のアメリカだ。ただし、このときのインフレは、１９６０年代後半からの財政拡張によってもたらされたインフレに石油ショックの影響が重なって生じたものだ。しかも、突然インフレ率が高まったという事実はなく、インフレ率が１９６０年代後半から徐々に高まっていった。だから、インフレ率が高まってきたら、財政や金融を引き締めればよいだけの話で、それをしなかった場合にだけインフレ率が高まっていくのだ。

もう一つ考えておかなければならないことは、１９９０年代以降、先進国では高率のインフレは生じていないという事実だ。たとえば、イギリスはリーマンショックのあと、資金供給を5倍にも引き上げたが、インフレにはつながらなかった。日本でも、日銀が年間80兆円というハイペースで国債を買い続けて、金融緩和を続けているが、物価上昇には至っていない。

この点に関して、エコノミストの水野和夫《みずのかずお》氏は『株式会社の終焉《しゅうえん》』（ディスカヴァー・トゥエンティワン）のなかで、次のように述べている。

需要超過経済から供給超過経済への転換と域内経済からグローバル経済への転換という大きな構造変化のなかで、そもそも物価が上がりにくい経済が、生まれているのではないだろうか。特に、近年まで強烈な金融引き締めを続けてきた日本経済は、少々のことでは、物価が上がらなくなっている。

しかし、物価が上がりにくい経済ができあがったということは、我々にとって、むしろ大きな福音なのではないだろうか。それが、財政ファイナンスをやれる規模が大きくなっていることを意味するからだ。

図表6●1人あたりのGDPの推移（ドル建て）

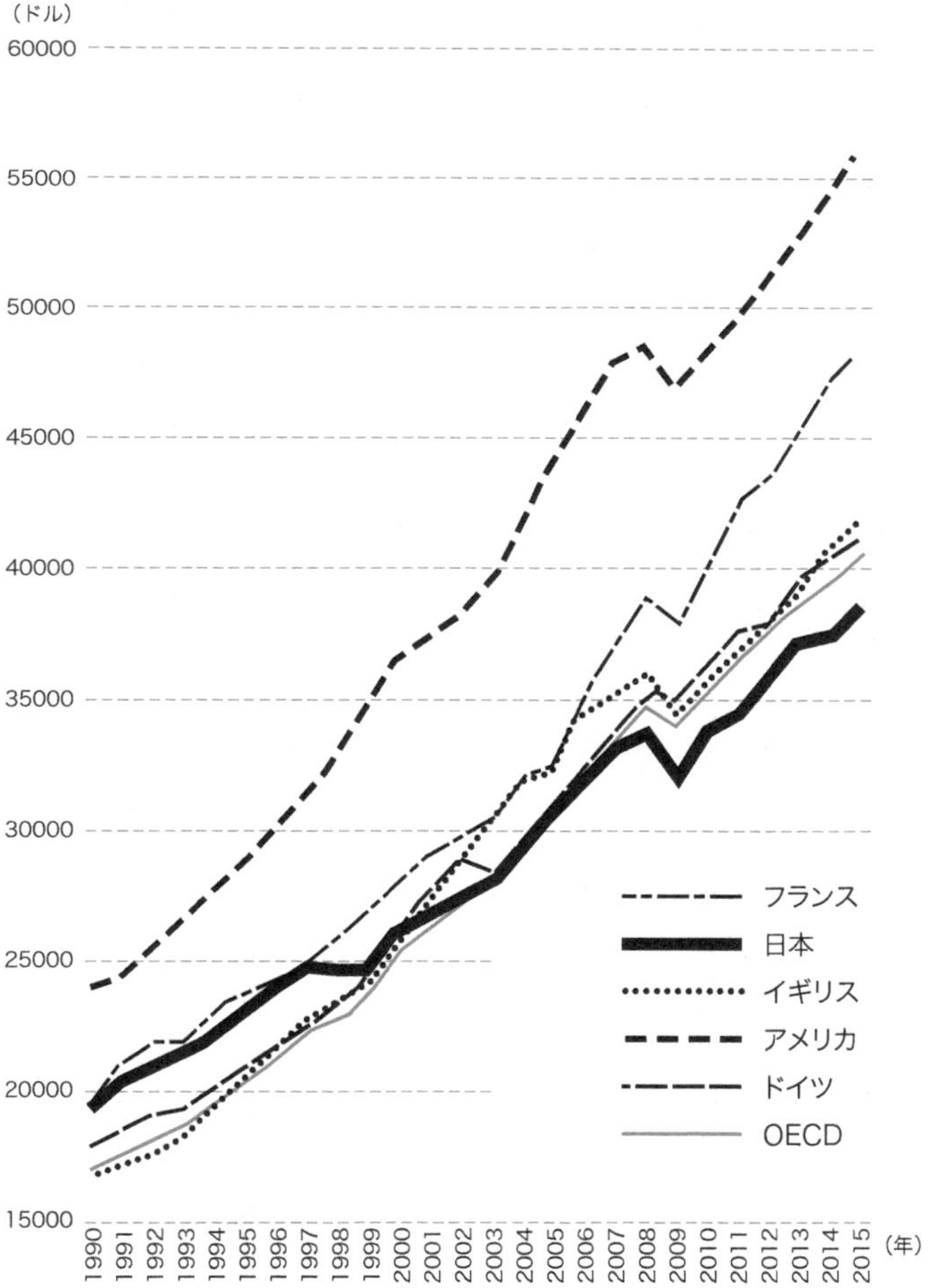

（資料）OECD データベース

図表6（81ページ）をみてほしい。ドル建てでみたOECD（経済協力開発機構）諸国の1人あたりGDP（平均所得）の推移だ。これをみると、1990年にはOECD平均を上回っていた日本の平均所得が、四半世紀の間にずるずると地位を落とし、最近ではOECD平均を大きく下回る水準になっている。そうなった最大の原因は、政府の純債務を実質ゼロにする勢いで、強烈な財政引き締めを行ったからだろう。

なぜ、できる減税をしないのか？

ただ、いまや日本の財政はようやく借金のしがらみから解放され、自由を得た。本来なら、国を挙げて祝宴を開くほどの快挙だ。そして、その状況変化を受けて、日本経済をデフレから脱却させる最も確実で有効な政策は、消費税率を引き下げることだ。ところが、誰もそれを言わない。それどころか、財務省やその御用学者たちは、相変わらず財政危機を煽《あお》り、消費税率の引き上げに邁進《まいしん》しようとしている。それは一体なぜなのだろうか。

私は、消費税増税とそれに伴う法人税減税が、官僚だけでなく、財界や富裕層にとって最も都合がよい政策だからなのだと考えている。

そこで次章では、消費税がなぜ財界や富裕層に都合がよいのかを考えていこう。

第3章　消費税率引き上げは誰のためか

目的は直間比率の是正だった

加藤寛《かとうひろし》という経済学者がいた。慶應義塾大学の教授で、税制にも造詣《ぞうけい》が深く、1990年から2000年までは、政府税制調査会の会長を務めた。実は、この加藤寛氏こそが、消費税率引き上げの道筋をつくった人なのだ。

加藤教授は、ミスター税調と呼ばれるほど圧倒的な影響力を持ち、消費税率を引き上げていかなければならないと言い続けた。その目的は、直間比率の是正だった。所得税や法人税といった直接税は、景気に応じて大きく変動してしまう。一方、消費税のような間接税は、安定した税収が得られる。高齢社会の膨大な社会保障財源を賄うためには、日本以外の先進国並みに間接税の比率を高めていかなければならないというのが、加藤教授の持論だった。

ところが、その加藤教授が、政府税制調査会の会長を退任する際の最後の答申で、持論である直間比率の是正をもう一度主張して花道を去ろうとしたら、大蔵省（当時）の官僚に制止されたそうだ。大蔵官僚とは、それまで手を携えて直間比率の是正を掲げてきただけに、不審に思った加藤教授が問いただすと、大蔵官僚は「直間比率の是正ではなく、財政危機を乗り切るためには消費税率引き上げが必要と言ってください」と話したという。
おそらく、これが、いまの財政危機キャンペーンの源流だったのだと考えられる。

なぜ財政危機を煽る戦略に切り替えたのか

では、なぜ財務省（大蔵省）は直間比率の是正という看板を下ろし、財政危機を煽《あお》るという戦略に切り替えたのか。それは、直間比率の是正という水準を超えて、消費税率を上げていきたいという考えが、当時からあったからではないだろうか。

財務省のホームページによると、税収に占める間接税の比率は、２０１３年で日本29％、アメリカ23％、イギリス44％、ドイツ47％、フランス44％となっている。ヨーロッパよりは低いが、すでにアメリカを大幅に上回っている。これでは、直間比率の是正という言葉が説得力を持たない。さらに、消費税率が８％に上がったので、２０１６年度予算でみたときの日本の間接税の比率は33％と、アメリカを10％ポイントも上回っているのだ。

これでは、直間比率の是正という合言葉では、消費税率を引き上げられない。だから、税の構造をどのように構築するのかという本質的な問題から国民の目をそらし、「財政危機だから消費税率を上げざるを得ない」という短絡的な思考を押し付けようとしたのだろう。そこで、財政危機論を広く国民に浸透させるために、直間比率に代わって、財務省の強力なツールとなったのが、消費税率の国際比較のグラフだった。

日本の消費税率は低いのか

図表7（87ページ）をみると、日本の消費税率８％に対して、欧州諸国は20％程度と、はるかに高い税率が適用されている。先進国で日本より消費税率が低いのはカナダの５％だけで、お隣の韓国も10％と日本よりも高くなっている。社会保障の先進国であるスウェーデンは25％だ。社会保障を維持拡大していくためには、消費税率の引き上げが不可欠とする財務省の主張を裏付ける実に都合のよい存在が、このグラフだったのだ。

しかし、このグラフをよくみてほしい。重要な国がグラフから漏れていることがわかるだろう。それがアメリカだ。実は、アメリカには消費税そのものが存在しない。

グラフの脚注には、「アメリカは、州、郡、市により小売売上税が課されている（例：ニューヨーク州及びニューヨーク市の合計８・８７５％）」と書かれているが、オレゴン州などのように小売売上税をまったく課していない州も実は存在しているのだ。

日本政府は、これまで何でもアメリカの制度や慣行に合わせようとしてきた。それが構

図表7●付加価値税率（標準税率及び食料品に対する適用税率）の国際比較

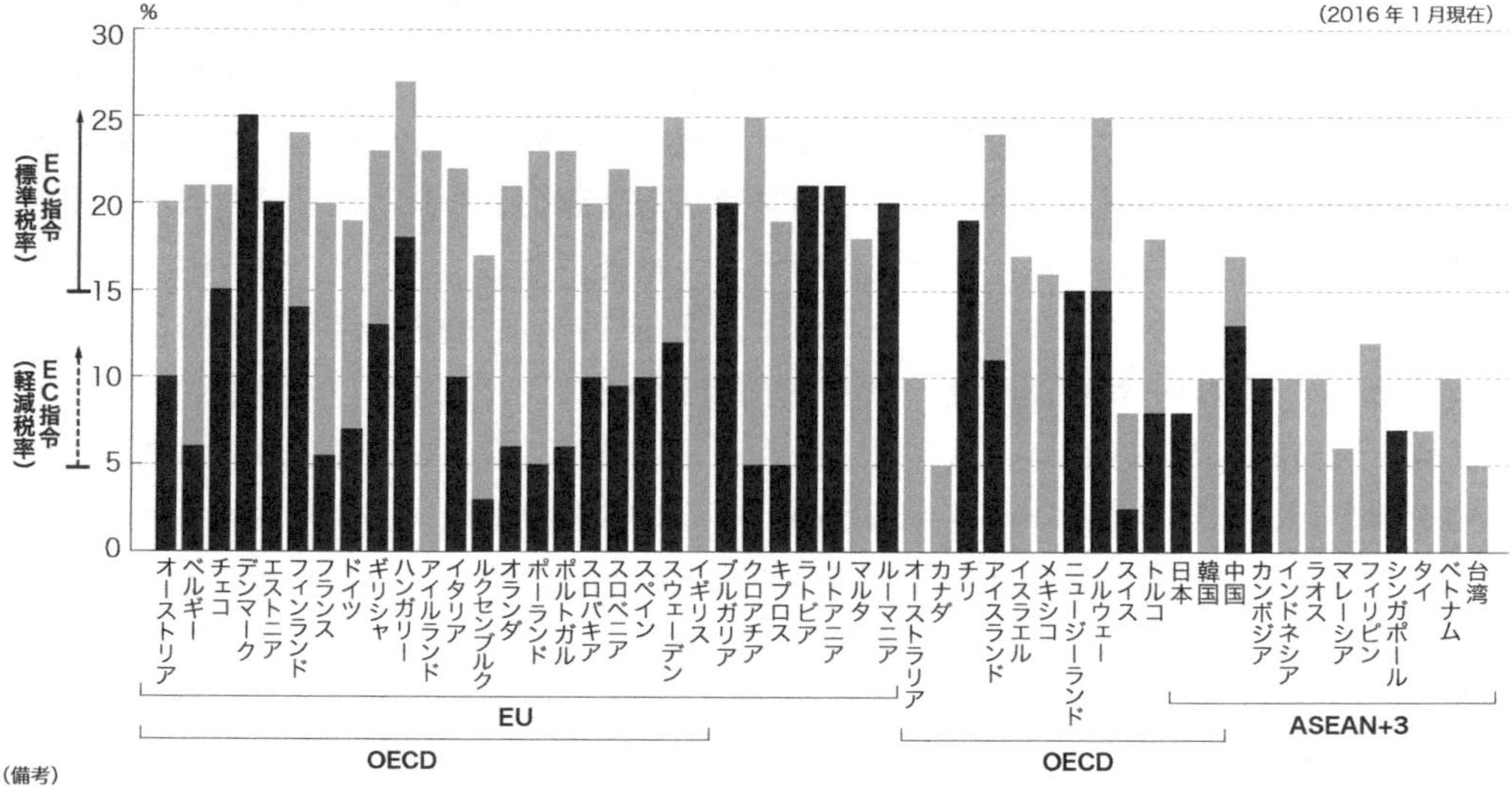

（備考）
1. 日本の消費税率8%のうち、1.7%相当は地方消費税（地方税）である。2. カナダにおいては、連邦の財貨・サービス税（付加価値税）の他に、ほとんどの州で州の付加価値税等が課される（例：オンタリオ州8%）。3. アメリカは、州、郡、市により小売売上税が課されている（例：ニューヨーク州及びニューヨーク市の合計 8.875%）。ミャンマーは取引高税が課されており、ブルネイは付加価値税が存在しない。4. 上記中、■が食料品に係る適用税率である。なお、軽減税率が適用される食料品の範囲は各国ごとに異なり、食料品によっては上記以外の取扱いとなる場合がある。5. EC指令においては、ゼロ税率及び5%未満の軽減税率は否定する考え方が採られている。
（出所）財務省ホームページ

造改革であり、TPP（環太平洋戦略的経済連携協定）への参加だった。ところが、こと税制に関してだけは、アメリカを完全無視してしまうのだ。

アメリカから目をそらし、国民の目をヨーロッパに向けさせる。そこには、日本の消費税率の3倍以上の消費税率を課している福祉大国スウェーデンがある。しかし、この消費税率の国際比較のグラフには、数々の問題があるのだ。

図表8（89ページ）をみてほしい。このグラフは、国と地方の税収を、資産課税、消費課税、法人所得課税、個人所得課税に分けて、その構成比をみたものだ。日本の消費課税の構成比が29・7％であるのに対して、スウェーデンは37・6％と、その差は7・9％に過ぎない。しかも、このグラフは日本の消費税率が5％だった2013年のものだ。グラフの脚注によると、消費税率が8％に上がった2016年度は、日本の消費課税の構成比は、33・7％になるという。消費税率を3％引き上げたことで、消費課税の構成比が4％ポイント上昇している。だから、消費税率が10％になったら、日本の消費課税の構成比は、単純計算で、36・4％となる。スウェーデンとほぼ同じになってしまうのだ。

なぜ日本の消費税率を10％にすると、消費課税の構成比がスウェーデンと同じになってしまうのか。ここに、消費税率の国際比較グラフのからくりが隠れているのだ。

図表8●所得・消費・資産課税等の税収構成比の国際比較(国税+地方税)

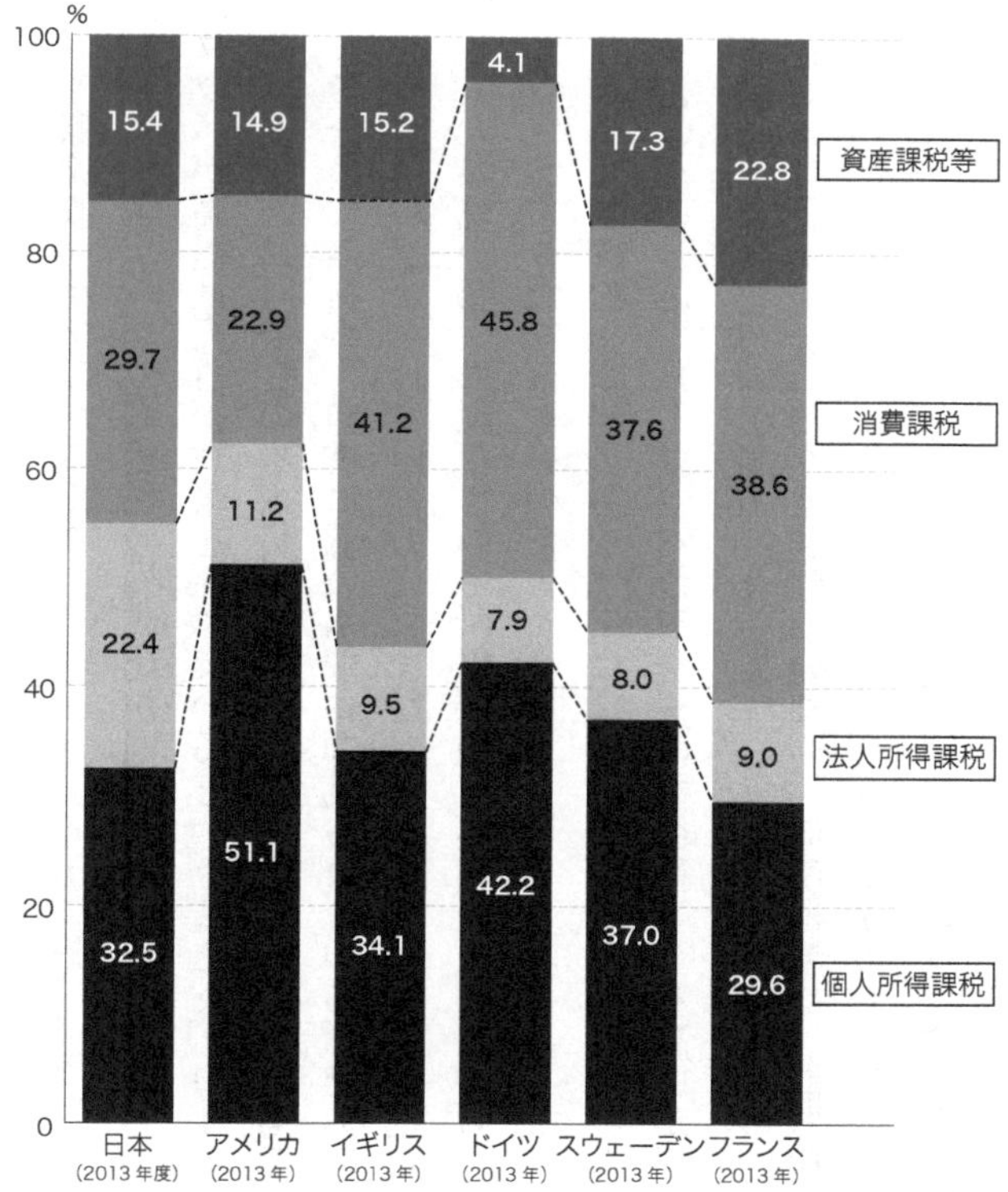

(注)
1. 日本は平成25年度(2013年度)実績、諸外国は、OECD "Revenue Statistics 1965-2014"及び同"National Accounts"による。なお、日本の平成28年度(2016年度)予算における税収構成比は、個人所得課税:30.9%、法人所得課税:21.7%、消費課税:33.7%、資産課税等:13.7%となっている。
2. 所得課税には資産性所得に対する課税を含む。
3. 四捨五入の関係上、各項目の計数の和が合計値と一致しないことがある。
(出所)財務省ホームページ

消費税率の国際比較グラフのからくり

なぜ日本とスウェーデンの消費税の構成比が同じになってしまうのか。最も大きな原因は、ヨーロッパが高福祉高負担政策を採っているということだ。ヨーロッパは、日本よりもはるかに高福祉だ。医療費の本人負担は小さいし、公的年金給付も手厚い。教育費の負担も大学まで含めて無料か、非常に低い水準に抑えられている。その高福祉をまかなうために高い消費税率が課せられているのだ。また、ヨーロッパは消費税だけでなく、企業に課している法人課税や個人に課している所得課税も高いのだ。だから、消費税率そのものを比較しても、あまり意味はないのだ。

ただ、もう一つ技術的な問題がある。それは、消費税率の国際比較が「標準税率」で行われているということだ。ヨーロッパの消費税は標準税率こそ高いが、生活必需品に幅広く軽減税率あるいはゼロ税率が適用されている。たとえば、イギリスはパンや新聞など、生活必需品には消費税がまったく課されていない。低所得者は、消費税を支払わないで生活することも、やる気になれば可能だと言われている（ガス・電気にはかかるので完全にゼロは難しいが）。そのため、ヨーロッパの実効消費税率は、標準税率で見たほど高くないのだ。そこが、投網《とあみ》を打つように、あらゆる商品に同一の消費税率をかけている日本との大きな差なのだ。

はっきりしていることは一つだ。日本の消費税率は、すでに十分高い水準になっており、これ以上の増税を正当化する根拠はどこにもないということだ。それでも財務省は、社会保障の維持拡大のためには、消費税増税が不可欠だとのスタンスを崩さない。しかし、消費税増税が、すべて社会保障に使われるということは、最初から想定されていなかったのだ。

社会保障へ舵を切った菅・民主党政権

そもそも消費税率10％への引き上げの道筋は、民主党政権時代に示された。２０１２年１月６日に、政府・与党が、消費税率の引き上げを柱とする「社会保障と税の一体改革」の素案を正式決定したのだ。この案では、２０１４年４月から消費税率を８％に引き上げ、その後さらに10％に引き上げるとされた。民主党政権は当初、歳出改革が優先で、それを行わずに消費税増税は論じられないと、消費税率の引き上げに否定的だった。

ところが、菅直人《かんなおと》政権になった２０１０年６月に、総理自身が「社会保障費が増えていくことを考えると、消費税を引き上げる必要がある」と発言して、大きく舵《かじ》を切り替えたのだ。

そもそも、社会保障と税の一体改革というのは、社会保障を充実させていくために、その財源を同時に考えていこうというものであったはずだ。ところが、肝心の社会保障をどうするのかというビジョンをまったく固めずに、消費税増税だけを先に決めたのだ。たとえば年金について、改革案では、社会保険方式の所得比例年金と税財源の最低保障年金を基本とする新しい年金制度を創設することになっていた。最低保障年金は、国民年金・基礎年金に代わるものだ。それなら、最低保障年金を導入した段階で、国民年金保険料は無料になり、厚生年金保険料は基礎年金財源相当分の料率を引き下げる必要がある。ところが、そんな話は一切出ていなかった。それどころか、新しい年金制度は、基本設計さえできていなかったのだ。実は、2011年12月18日にNHKの「日曜討論」に出演したときに、小宮山洋子《こみやまようこ》厚生労働大臣に「新しい年金制度は、積立方式なのか、賦課方式なのか」と問いただしたのだが、明確な回答はなかった。そんな基本的なところさえ決まっていなかったら、財源の話も何もあったものではなかったはずだ。

そして実際、決定された社会保障改革案にも、必要となる財源に関して、「改革全体を通じて、2015年度において充実による額が3・8兆円程度、重点化・効率化による額が▲1・2兆円程度で、機能強化（充実と重点化・効率化の同時実施）による追加所要額（公費）は、約2・7兆円程度と見込まれる」と書かれた。消費税率を10％に引き上げることによる増税額は13兆円だ。そのうち社会保障の充実に使われるのは、3兆円弱で、残りの10兆円は、どさくさ紛れの純粋増税ということになる。消費税増税は、最初から社会保障をまかなうためのものではなかったのだ。

それでは、消費税増税は何のために行うのか。その大きな目的は、大企業や富裕層を減税することだ。

消費税増税の9割が企業減税に振り向けられた

2014年4月に消費税率は5％から8％に引き上げられた。この増税による税収は、社会保障の拡充に向けられると政府がずっと主張してきたし、法的にもそういうことになっている。

ところが、政府は消費税増税と同時に法人税減税を計画していた。2014年6月24日に政府は、「骨太の方針」と「日本再興戦略改訂版」、「規制改革実施計画」を閣議決定した。アベノミクスの第三の矢である成長戦略が出そろったことになる。そのなかで、最も大きな政策は法人税の減税だった。当時34・62％となっていた法人税の実効税率を、数年以内に20％台に引き下げるとしたのだ。この方針は、予定通りに進められ、法人税の実効税率は、2016年度から29・97％に引き下げられた。4・65％ポイントの引き下げだ。法人税は、実効税率1％あたり6243億円の税収（事業税、法人住民税を含む）をもたらすから、税率4・65％の引き下げで、2兆9032億円もの法人税減税を行ったことになる。さらに企業は2014年度から復興特別法人税の前倒し廃止によって、約1兆円減税されているから、政府は、合計3兆9032億円もの法人税減税を行ったことになるのだ。

2014年4月からの消費税率8％への引き上げによる増税額（地方消費税を含む）のうち、初年度の増収額は8兆2462億円だったから、なんと政府は、消費税増税の47％を法人税減税に振り向けたという計算になる。

ただ、これはあくまでも安倍政権になってからの話だ。消費税増税かつ法人税減税という税制改革は、民主党政権の時代に始まっている。民主党政権時代の2010年度までの法人税の実効税率は、40・86％だったから、そこを起点にして考えると、法人税減税額は、6兆7991億円で、復興特別法人税の前倒し廃止も含めて考えると、7兆7991億円もの法人税減税が行われたことになるのだ。消費税増税の実に94・4%が、法人税減税に振り向けられたことになる。消費税増税の真の目的が、社会保障などではなく、法人税減税にあったことは、明らかだろう。

この計算に、「復興特別法人税の廃止はもともと予定されていたものを前倒ししただけなのだから、加算するのはおかしい」という意見もあるだろう。しかし、個人が負担する復興特別所得税は2037年まで25年間も続けられることになっている。そのなかで、復興特別法人税をたった2年で廃止してしまうことは、明らかにおかしな法人優遇だったのだ。

アメリカよりもずっと低い法人税負担

それでは、庶民が負担する消費税率を引き上げてまで、法人税を引き下げなければならない理由は何なのか。表向きの理由は、「グローバル競争が激しくなるなかで、日本での企業立地を確保するために、税率の引き下げが不可欠」ということだ。法人税率が企業立地に影響を与えるか否かは、学者の間でも意見が分かれているが、私は、法人税率はほとんど影響を与えないと考えている。

第一の理由は、経済産業省の「海外事業活動基本調査」の結果だ。2014年度の調査で、海外進出を決定した際のポイントについて、三つまでの複数回答で聞いたところ、最も多かった海外進出理由は、67・5％の企業が回答した「現地の製品需要が旺盛《おうせい》又は今後の需要が見込まれる」だった。第2位は、32・9％の「納入先を含む、他の日系企業の進出実績がある」で、第3位は、28・3％の「進出先近隣三国で製品需要が旺盛又は今後の拡大が見込まれる」だった。「税制、融資等の優遇措置がある」と回答した企業は、8・7％と、1割にも満たなかったのだ。こうした結果は、いまに始まったことではない。日本の法人税率がいまよりはるかに高かった時代から、ほぼ同じ結果になっている。

海外直接投資の実績をみても、直接投資が急激に増えるのは、決まって円高のときだ。企業は、日本の税金が高くて海外に出て行っているのではなく、円高によって国内で作っていたのでは採算が合わなくなって、海外への進出を決断しているのだ。だから、産業の空洞化を防ぎたいのであれば、円高にならないような金融政策を採ったほうが、はるかに効果的なのだ。

さらに、法人税率が国際的な企業立地に影響を与えない証拠を示そう（図表9）。財務

図表9●法人実効税率の国際比較

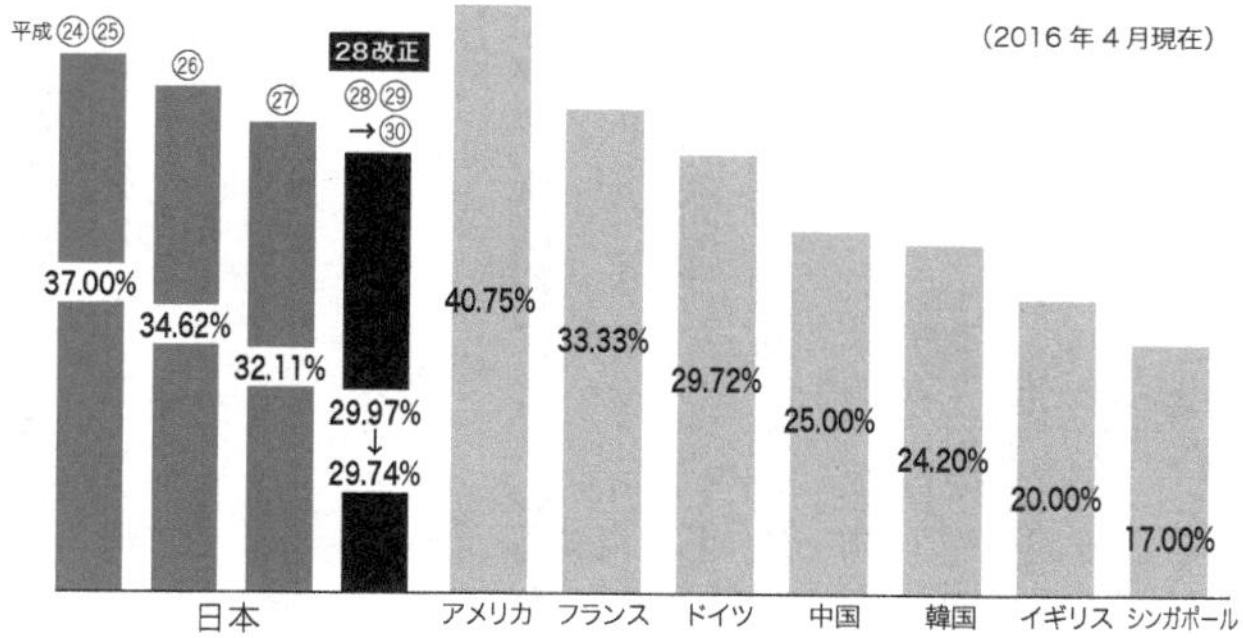

(注) 法人所得に対する税率(国税・地方税)。地方税は、日本は標準税率、アメリカはカリフォルニア州、ドイツは全国平均、韓国はソウル市。なお、法人所得に対する税負担の一部が損金算入される場合は、その調整後の税率を表示。(出所)財務省ホームページ

省のホームページによると、アメリカの法人実効税率は、日本より10・78%ポイントも高い。もし、本当に法人税率が高いと企業が海外に流出するのなら、アメリカはとっくに空洞化しているはずだが、そんな事実はまったくないのだ。

そうしたなかで、安倍政権は、法人税の実効税率を中国(25・00%)並みに引き下げたいとしているが、この目標も過ちだ。法人税率を引き下げて中国企業と競争をしようとする考え方自体が、そもそも間違っている。日本が中国企業と価格競争を繰り広げようと思ったら、人件費を中国に合わせないといけない。しかし、中国内陸部の現場労働者の月給は、5万円程度だ。そんな安い人件費に日

本人の給料を合わせようとしたら、従業員が飢え死にしてしまう。だから、そもそも中国と価格競争をしようなどと考えてはいけないのだ。

それでは、何のために法人税減税をやるのか。それは安倍政権を支える財界や富裕層を喜ばせるためだ。しかも、消費税率を引き上げることは、この上なく財界や富裕層にとって都合がよいのだ。そのからくりを紹介しよう。

企業が消費税増税にこだわるもう一つの理由

現在、医療と年金の財源には、税金も注ぎ込まれているが、多くの財源は、加入者が支払う社会保険料になっている。たとえば、厚生年金の保険料は、2004年の政府の年金改革で、同年から毎年0・354%ずつ引き上げられ、2017年以降は、18・3%とすることが決まっている。2016年9月時点の保険料は、年収の18・182%となっているが、厚生年金保険料の引き上げは、2017年で打ち止めになるのだ。

しかし、高齢化の進展はそれ以降も続いていく。当然、年金財政は悪化する。その対策は大きく分けて二つある。一つは年金の給付水準を引き下げること、そして、それでも足りない部分は税金を投入して、高齢化のコストを税金でまかなうことだ。その財源として消費税を充てるというのが、政府の表向きの消費税増税の根拠だ。

ところが、ここにすでに大きなまやかしが存在する。厚生年金の保険料も健康保険の保険料も、これまで労働者と雇い主企業が折半で負担してきた。しかし、今後の社会保障財源を消費税に移すということは、今後の高齢化のコストを企業が一切負担しないということを意味するのだ。医療、介護、年金など、高齢化社会に膨大なコストがかかるのは、間違いのない事実だ。それは一種の国難と言ってよい。これまでは、そのコストを負担するために労働者と企業が手を携えてきた。しかし、今後増える社会保障のコストは、企業は負担せず、すべて労働者に負担させようというのだ。消費税は、企業が支払うものではなく、すべて消費者、すなわち労働者が支払うものだからだ。国難に直面して、企業だけが責任を放棄する。その態度は、東日本大震災の復興支援と同じだ。いつから、日本の大企業はそんなカネの亡者になってしまったのだろうか。そしていつから日本政府はそんな企業の横暴を許すようになってしまったのか。

そんなことを言っても、日本の企業は、いまヨーロッパ並みに高い法人税の負担をしているのだという批判があるかもしれない。確かに現時点の日本の法人実効税率29・97％というのは、フランス（33・33％）、ドイツ（29・72％）と似たような水準になっている。しかし、実はヨーロッパは社会保険料の企業負担がものすごく高いのだ。

たとえば、山崎加津子《やまざきかづこ》氏『スウェーデンの社会保障制度に学ぶ』（大和総研調査季報2012年新春号）には、次のように記されている。

社会保障制度を支えているもう一つの柱である保険料は、企業と従業員が負担しているが、ここでスウェーデンの企業部門のコスト負担は大きい。年金、医療保険、介護保険、失業保険などの保険料を、個人は給与所得など収入の7％分支払うが、企業は給与支払総額の28・6％を負担している。

現時点の日本の社会保険料は、厚生年金が年収の18・182％、全国健康保険協会管掌健康保険料で介護保険第2号被保険者に該当する場合、東京都で11・54％、雇用保険料が0・8％（失業給付分のみ）となっている。合計の保険料は、30・522％と、スウェーデンに近い高さになっている。この保険料を労使折半するから、労働者の負担も、企業の負担も従業員の年収の15・261％ということになる。

おわかりだろう。スウェーデンの労働者は、日本の労働者の半分しか社会保険料を負担していないのに、スウェーデンの企業は日本企業の2倍の社会保険料を支払っているのだ。今後ヨーロッパのような社会保障負担の大きな社会を迎えようとしているのだから、基本的な方向としては、まず企業が負担を増やしていくべきなのではないだろうか。

低所得者ほど負担が大きく、富裕層ほど負担が小さい消費税

社会保障の財源を消費税でまかなおうとすると、大きな問題が二つ生ずる。ひとつは、逆進性の問題だ。所得が高い人ほど可処分所得から消費に回す割合（消費性向）が低いので、収入に対する消費税の負担率は、低所得者ほど大きくなる。

たとえば、2015年の「家計調査」で、消費性向を所得階級別にみると、第1分位が86・0％、第2分位が80・7％、第3分位が74・3％、第4分位が71・8％、第5分位が66・8％となっている。つまり、所得の低い順番に家計を並べて5等分すると、最も所得の低い階層は、可処分所得の86％を消費に回しているが、最も所得の高い階層は67％しか回していない。消費税は消費にかかるから、最も所得の低い家庭は可処分所得の86％に消費税がかかって、最も所得の高い家庭は67％にしかかからないことになる。所得が低いほど、実質的な税率が高くなるのだから、こんなに理不尽なことはないだろう。

こうした消費税の特性のために、もし社会保障費用の増加分を消費税でまかなうようにすると、低所得者に負担が集中してしまうのだ。社会保障負担を従来の社会保険方式で行う場合、社会保険料は、収入に保険料率を乗じて算出する。つまり収入に比例して負担が決まることになる。ところが消費税に関しては、収入のうち消費に回された分だけに負担が生ずる。収入から貯蓄に回した分には、社会保障負担が生じないのだ。だから、社会保障負担を社会保険料から消費税に切り替えるということは、貯蓄率の高い金持ちほど、有利になることを意味しているのだ。

逆に言うと、社会保険料方式から消費税方式に変えるのであれば、消費税と同率の課税を貯蓄に対してもしなければならない。しかし、貯蓄のフローを捉《とら》えるのは意外にむずかしい。だから、次善の策としては、貯蓄残高に課税するようなことを考えないといけないのだ。

ところが、こうした点に関して、政府内では検討された形跡がまったくない。貯蓄課税は金持ちを直撃するからだ。やはり、高齢化にともなう負担増から企業と金持ちが逃避したいというのが、社会保障と税の一体改革の本質なのだ。

さらに、消費税には、もう一つ隠された大きな問題がある。それは、富裕層が、そもそも、ほとんど消費税を負担していないという事実だ。この点は、富裕層の実態を知らないとわかりにくいかもしれないので、少していねいに説明しよう。

富裕層はほとんど消費税を負担していない！

消費税は税を負担した消費者が支払うのではなく、販売した企業が納税を行う。たとえば、スーパーマーケットで税抜１００円のみかんを消費者が買ったとしよう。消費者が支払うのは本体価格の１００円と消費税８円の合計１０８円だ。ただし、スーパーマーケットは、消費者から預かった8円の消費税をそのまま税務署に納めるのかというと、そうではない。スーパーマーケットが卸売業者から、そのみかんを税抜50円で仕入れていたとする。この場合、仕入れの時点でスーパーマーケットは4円の消費税を支払っている。だから、消費者から預かった8円の消費税のうち、すでに仕入れ段階で支払っている4円を差し引いて、残った4円の消費税を税務署に支払うことになる。このルールを仕入税額控除と呼んでいる。この仕入税額控除は小売業にだけ適用されるのではなく、すべての業種の事業活動に適用される。つまり、商品の仕入れだけでなく、会社の経費として支出された商品にかかっている消費税は、すべて消費税の納税の際に控除されるのだ。

さて、富裕層はほとんどの場合、自分自身の会社を持っているか、会社の役員をしている。彼らの生活は、ほぼすべて会社の経費でまかなわれる。豪邸は会社の社宅という形式を採っていることが多く、事実上のお手伝いさん、あるいは執事である秘書は、会社と契約した派遣会社から派遣された労働者であることも多い。黒塗りの社用車ならぬ私用車は、もちろん会社の経費だ。銀座《ぎんざ》のクラブで飲むのも会社の経費だし、ワーキングランチで食べる弁当やケータリングで届けられる食事も会社の経費だ。ゴルフに行くのも、パーティーに行くのも、何から何まですべて会社の経費なのだ。

そうは言っても、日常生活のための日用品や食料品など、細々としたものを会社の経費で落とすわけにはいかないだろう。そう思われるかもしれない。しかし、それは本当の富裕層の暮らしを知らないからだ。都心部の超一流ホテルには、富裕層専用の部屋が定宿として確保されている。彼らの実質的な住居と言ってもよい。そこでは、掃除や洗濯や食事やありとあらゆるホテルのサービスが提供される。もちろん、とんでもない高額料金を請求されるのだが、それを富裕層個人が負担することはない。これも、すべて会社の経費なのだ。

そうすると、何が起きるのか。仕入税額控除の仕組みによって、彼らが一時的に支払った消費税は、全額、会社が納める消費税から控除されてしまうのだ。

さきほど、イギリスでは低所得者がやり方によっては、消費税を一銭も支払わずに生活できると書いたが、日本では富裕層が、消費税を一銭も支払わずに暮らすことも可能になっているのだ。

こんなバカげた税制はないだろう。しかし、それは事実なのだ。先日、銀座で水商売をしていた女性から聞いた話では、銀座の女性はお客さんからプレゼントをもらってはいけないことになっているのだそうだ。プレゼントをもらうなら、店でたくさんお金をつかってもらうべきだという。その理由は、店で支払われるお金は、すべて会社の経費だから、お客の懐は一切痛まない。ところが、プレゼントは客の自腹になってしまう。店の売り上げと比べて、プレゼントは、客にとって個人的に重い負担になってしまうので、避けるべきだというのだ。

税金の基本原則は、応能負担だ。税金をたくさん払えるお金持ちは、たくさんの税金を支払う。それは誰がどう考えても、当然のことだろう。ところが、消費税に関しては真逆《まぎゃく》のことが起きている。所得の低い人が重税に苦しみ、金持ちはちっとも負担しない。消費税というのは、そうした致命的欠陥を持つ税制なのだ。

もちろん、庶民でも会社を作って経営者になれば、富裕層と同じことが理論的には可能だ。しかし、それは現実的にはむずかしい。庶民は、そもそも消費者から消費税を預かる売り上げを立てることができないからだ。

中小企業はそもそも消費税を顧客から預かれていない

消費税のさらなる問題点は、中小企業の経営を追い詰めるということだ。それは、理論面ではなく、実態面に表れる。中小企業には消費税を上乗せした請求が、なかなか難しいのだ。もちろん、法律的には、商品の仕入れ業者や消費者は消費税を支払う義務がある。ところが、現実はそうでもないのだ。たとえば、零細部品メーカーが部品を納入して、そこに別途消費税を加算しようとすると、大手企業の仕入れ担当から、「消費税分は泣いてよ」と言われてしまうのだ。もちろんそれは違法行為なのだが、その違法行為が蔓延《まんえん》しているのだ。零細事業者は、自らの仕入れには消費税を上乗せして支払わなければならない。ところが、得意先からは消費税を預かれない。それでも、消費税を預かったとみなして、税務署は消費税を徴収しにくる。その結果、消費税の滞納が頻発する。実際、さまざまな税目のなかで、最も滞納の多い税金が消費税なのだ。

国税庁の発表によると2015年度の新規発生滞納額は、6871億円と、前年度と比べて958億円、16・2%増加した。そのうち消費税の滞納額は4396億円と、新規滞納額全体の64・0%を占めている。所得税の1552億円、法人税の634億円をはるかに上回る新規滞納が生じていることは、消費税をそもそも事業者が受け取れていない何よりの証拠だろう。

実は、私自身も原稿を書いて、出版社から原稿料をもらう仕事をしている。私は普段から消費税の支払いを一貫して強く求めている。それは、私が消費税を税務署に支払わなければならないからだし、消費税を支払わないことは違法だと考えているからだ。正直言うと、私は、普通のライターよりもずっと立場が強い。原稿料だけで生活しているわけではないから、消費税を支払ってくれない出版社との取引を停止しても、生活に困ることがないからだ。ところが、私がそれだけ強い態度に出ても、消費税を支払ってもらえないケースがちょくちょくある。全体から言えば5%くらいだが、私でもそれくらいの割合で支払ってもらえないのだから、立場の弱い中小・零細企業は、もっと多いだろう。その結果、中小企業のなかでは消費税を税務署に納めることができなくて、倒産するケースが後を絶たないという。それくらい消費税というのは、欠陥を持った税制なのだ。

なぜ民主党政権が消費税率引き上げに傾いたのか？

民主党（当時）は、政権交代に結びついた２００９年の総選挙で、政権期間中は消費税の増税は行わないと主張して、過半数の議席を獲得して政権の座についた。その民主党の代表でもある野田佳彦《のだよしひこ》総理大臣（当時）は、なぜ選挙公約に違反する消費税増税に突き進んだのか。

私は、民主党のなかで「政権交代」が起きたからだと考えている。民主党には小沢一郎《おざわいちろう》グループ・鳩山由紀夫《はとやまゆきお》グループと、前原誠司《まえはらせいじ》グループ・野田グループという政策の基本理念の異なる二つの政策集団がいた。リベラルと保守という分類もできるかもしれないが、私は反権力志向か権力志向かという区分の方が正しいと思っている。

２００９年のマニフェストは、小沢氏が代表代行のときに作って、幹事長のときに選挙が行われた。だから、きわめて小沢・鳩山色の濃いものになっている。反権力志向だから、当時の民主党の政策は、反米、反財界、反官僚だった。アメリカに対しては、普天間《ふてんま》基地を最低でも県外に移転させ、日米地位協定の改定を提起するとしていた。また、財界に対しても、小沢氏が幹事長だったときは、日本経団連と一度も会談しなかった。官僚に対しては、国会答弁の禁止、陳情の幹事長室一括引き受け、そして天下り禁止と公務員人件費の2割カットという厳しい態度で臨んだ。

しかし鳩山総理が辞任し、小沢氏も政治とカネの問題をめぐる裁判で身動きがとれなくなるなかで、鳩山総理から菅総理、野田総理へと、権力の座が移っていった。新たに政権を握った前原グループ・野田グループは、小沢・鳩山色の濃い政策を次々に否定していった。普天間の県外移転だけでなく、子ども手当、高速道路無料化、製造業派遣の禁止、最低賃金の大幅な引き上げなど、前原グループ・野田グループが否定した政策は、数えればきりがないほどだ。その政策見直しの一環として、消費税率の引き上げがあるのだ。

野田グループは、親官僚だ。だから財務省の悲願である消費税率引き上げを、政治生命をかけてまでやってしまったのだろう。

しかし、民主党政権内で起きた政権交代は、単に消費税率引き上げの道筋をつけたことにとどまらない。小沢・鳩山グループに代表されるリベラル勢力全体の衰退をもたらしたのだ。

いま一部では、首相官邸がリベラル派の言論人を弾圧しているからだという説もささやかれている。確かに、鳥越俊太郎《とりごえしゅんたろう》氏や落合恵子《おちあいけいこ》氏、森田実《もりたみのる》氏といったリベラル派の論客がテレビに登場する機会は大幅に減っている。しかし、それは官邸の圧力ではなく、そもそもリベラルへの需要が減っているからだと私は考えている。

テレビ局も商売だから、視聴率が取れれば放送する。その証拠に、国民の関心が高かった舛添要一《ますぞえよういち》前東京都知事の会見やその後の小池百合子《こいけゆりこ》東京都知事の会見は、通常のコーナーをすべてつぶしてでも放送している。リベラル勢力がテレビから姿を消しつつあるのは、視聴率が取れないからなのだ。

リベラルが視聴者の関心を集めなくなった本当の理由は、国民の信頼を失ったことだ。民主党が掲げた２００９年のマニフェストは、いま読み返しても非常によくできている。子ども手当の支給、高速道路の無料化、思い切った行政改革、租税特別措置の廃止、そして消費税率引き上げの先送りなど、格差を縮小する具体的な政策が示され、なおかつ十分な実現可能性を持っていた。

しかし、子ども手当は途中段階で挫折《ざせつ》し、高速道路の無料化も実現しなかった。天下りの禁止も有名無実化し、事業仕分けも十分な成果をあげることができなかった。そして、上げないと言っていた消費税率の引き上げを決めたのも、民主党政権だった。

それが、国民の目にどのように映ったのか。民主党が掲げた政策は、そもそも実現不可能な妄想だったと映っただろう。だから政権交代で日本を変えようという国民の熱意は、一気に冷めてしまったのだ。

しかし、民主党は、実現不可能な政策を並べたのではなかった。党内クーデターによって政策が封じ込められたのだ。2009年のマニフェストは、小沢一郎氏の思いが詰まった小沢マニフェストだった。しかし、小沢氏の政治とカネの問題が浮上する。小沢氏の秘書が逮捕され、小沢氏自身も長時間の取り調べを受けた。ただし、違法とされたのは、小沢氏の政治資金団体が、事務所の不動産を取得した際に、政治資金収支報告書への記載を契約時ではなく、翌年の登記の時点にしたことだけだった。舛添前知事のやっていたことと比べたら、軽微なミスといったところだ。ところが、検察もマスメディアも大騒ぎをして、小沢氏を身動きできないようにした。その間隙《かんげき》を突いて、民主党内保守派が台頭して、小沢氏の政策を封じ込めてしまったのだ。私はこのシナリオを考えた人は天才だと思う。小沢氏のイメージはいまだに回復せず、リベラル勢力が消滅に向かっているからだ。そのことで、大いに喜んでいるのは、大企業であり、富裕層であり、そして財務省に代表される官僚たちなのだと思う。

第4章　日本財政のグランドデザインを描く

これまでみてきたように、社会保障の財源として消費税を充てるというのは、最悪の選択だ。消費税そのものに致命的な欠陥が存在しているからだ。

だから、望ましい税制を考える場合には、消費税をどうやったらなくすことができるのかということを、きちんと考えていかなければならない。消費税の問題は、構造としては、原子力発電と同じだ。原発は、安全性の評価や再稼働の是非といったことも重要なのだが、人間のコントロールを超えて暴走するリスクという致命的な欠陥を持った原発をどのようにしたら根絶できるのかということを考えないといけない。消費税も、消費税率を何%まで引き上げるべきとか、軽減税率をどうしたらよいのかということを考えるのではなく、どうしたら消費税という致命的な欠陥を持つ税制を根絶できるのかということを考えていかなければならないのだ。

消費税根絶基金の創設を

実は、消費税に関しては、即時にゼロにできる究極の切札が存在する。それは、「消費税根絶基金」の創設だ。

第2章で詳しく検討したように、すでに日本の連結純債務は頭打ちになっている。そこに加えて、安倍政権発足後の急激な金融緩和によって、実質連結純債務はゼロになった。日本の財政は借金の呪縛《じゅばく》から解放されたのだ。

ただ、日銀が国債を買い取って保有し続ければ、政府がコストなしで財政資金を得られる状況は、まだ続いている。第2章でも示したように、①消費者物価上昇率が日銀の目標を下回っている、②国債の金利が適正水準を下回っている、③為替《かわせ》が望ましい水準よりも円高になっているという3条件がいまだに満たされているのだ。少なくともこの3条件を同時に満たしている限り、日銀の国債買い増しは何の問題も起こさない。そこで、日銀が国債購入を続けられる限り、政府が余分に国債を発行して、日銀の国債保有を増やすのだ。そうして得た資金を政府が「消費税根絶基金」として積み立てていく。そして、基金の残高がある限り、それを取り崩すことによって、消費税をゼロにするのだ。現在の消費税の税収は17兆円だ。地方税に回っている分を含めても22兆円程度になっている。

現在、日銀は年間80兆円を目途に国債を買い続けているから、仮にこのペースを今後5年間続けられたとすると、その間の通貨発行益を積み立てれば、消費税根絶基金には４００兆円の資金が貯まることになる。それを取り崩して行けば、18年間も消費税をゼロにすることができるのだ。

消費税ゼロがもたらす経済効果！

２０１３年度にアベノミクスによる景気の急拡大を迎えた日本経済は、消費税率の５％から８％への引き上げで、２０１４年度には前年比０・９％のマイナス成長（平成17年基準）に陥ってしまった。１９９７年度に消費税率を３％から５％に引き上げたときは、その後15年にわたる長期デフレに陥ってしまった。消費税というのは、経済全体への破壊力も、飛び抜けて高いのだ。

それをゼロにしたら日本経済がどうなるのか。それは火を見るより明らかだろう。庶民の生活は豊かになり、中小企業は活力を取り戻す。経済全体としても、力強い経済成長が蘇《よみがえ》るだろう。しかも、消費税根絶基金を使ってやれば、この政策は、国民負担なしで実行することができるのだ。

ただ、唯一の懸念は、日銀の国債買い取りが、副作用なしにどれだけ続けられるのかということだ。先ほど、日銀が国債買い取りを続けるには、消費者物価上昇率、国債金利、為替水準の３条件を満たさないといけないとした。もちろん、それぞれの基準は、慎重に決めないといけないが、私のイメージでは、①消費者物価上昇率が２％以下、②10年ものの国債金利が3％以下、③対ドル為替が1ドル＝130円よりも円高というのが、日銀が国債の買い増しを続けても問題がない大体の基準になるのではないか。

そして、この条件をこれから日本経済がどれだけの期間満たし続けていくのかは、正確な予想ができない。しかし、現在のデフレ的経済状況が続く限りは、この3条件は満たされ続けると思われる。そして、この3条件が破られる状況になったら、それは日本経済がデフレから完全に脱却したということになるので、その時には消費税ゼロのための代替財源を探せばよい。

ちなみに、現在の主流派経済学者は、国債を日銀が買い受ければ、政府にとって元利の返済の必要のないものになるということ自体を認めていない。たとえば、小黒一正《おぐろかずまさ》法政大学教授（元財務官僚）は、2015年8月31日の日本経済新聞「経済教室」に次のように書いている。

通貨発行益の定義を単純に考えれば、新たに発行した通貨の量とみるのが分かりやすい。この場合、通貨発行益は「マネタリーベースの増加分＝定義（1）」と考えられる。

異なる見方も可能だ。中央銀行は通貨発行に伴い、国債などの資産を購入する。この資産は利子などの収入を生む一方、マネタリーベースには利子が発生しない。中央銀行は無利子で資金調達できるわけだから、調達コストの節約分、つまり「金利×マネタリーベース＝定義（2）」を通貨発行益と考えることもできる。実際、日銀はこの定義にのっとっており、利子収入などで得た利益を「国庫納付金」という形で政府に提供している。

これらの定義をどう考えればよいのだろうか。1つの見方としては、利益を認識するタイミングが異なると考えることができる。

たとえば、中央銀行が1億円の通貨を発行し、国債を購入したとする。この国債の利回りが1％なら、利子収入として今年100万円が得られ、翌年以降も利子収入は続く。詳細な計算は省くが、実はマネタリーベースの増加額は、将来得られる金利収入の現在価値に一致する。このように考えれば、定義（1）と定義（2）の違いは、マネタリーベースの増加に伴う利益を今期すべて計上してしまうか（定義（1））、将来にわたって計上するか（定義（2））という違いになる。

もう1つの見方は、政府債務の「範囲」をどうみるかに帰着する。中央銀行も結局は政府の一部と考えるならば、政府と日銀を連結して「統合政府」のバランスシート（BS）を作るべきだと考えられる。中央銀行が発行する通貨を民間に対する負債（統合政府の債務）とすれば、この場合、BSの負債サイドは、主に民間が保有する国債とマネタリーベースで構成される。

この時、中央銀行がマネタリーベースを増やして民間から国債を購入すると、負債側の（民間保有の）国債は減らすことができる。この場合、国債は「利子のつく負債」、マネタリーベースは「利子のつかない負債」だから、通貨発行益は調達コストの節約分（定義（2））になる。一方、マネタリーベースを負債ではなく、もう返済（縮小）しないものと考えるなら、その増加分が利益（定義（1））となる。

ちなみに、通貨発行益に似た考えに「インフレ税」がある。インフレ税とはインフレにより政府が得られる利益（インフレ率×マネタリーベース＝定義（3））になる。負債は物価上昇を考慮しない名目ベースで計上されているため、インフレが起きると、実質ベースで負債が削減され、これが政府の利益になる。

日銀の量的・質的緩和を通貨発行益という観点でみると、定義（1）では、計上すべき通貨発行益は80兆円になる。しかし、今回の量的・質的緩和もいつか「出口」戦略が必要になる。増やしたマネタリーベースは国債の売却・償還を伴いながらいつかは減少させることになる。そのケースでは、定義(2)に基づき通貨発行益を認識すべきだといえる。

定義(1)に基づき、現在80兆円の通貨発行「益」を計上したとしても、出口戦略の際にマネタリーベースが減少し通貨発行「損」を計上する必要がある。マネタリーベースが負債的性格を持つ以上、増加させたマネタリーベースがまるまる政府の収入にはならないことに留意が必要だ。

日銀が計上した通貨発行益は13年度が5794億円、14年度は7567億円である。日銀は現在、金融機関が日銀に持つ当座預金に0・1%の付利を支払っており、マネタリーベースを増やすことに伴う調達コストが一定程度存在している。日銀が保有する国債の利回りは、日銀自身の強い買い需要で低下傾向にあり、緩和に伴う通貨発行益の増加は限界が近づいている。

本書で、私がずっと主張しているのは、定義(1)で通貨発行益をとらえようということだ。しかし小黒教授は、金融引き締めに転じたときに、通貨発行損が出るのだから、それはまるまる政府の収入にはならないという。しかし、マネタリーベースは、右肩上がりのトレンドを持っている。だから、金融引き締めのときに一時的なマネタリーベースの減少がありえたとしても、中長期的にみれば、通貨発行益は継続的に毎年発生していくと考えるべきだ。

図表10（１２２ページ）に示すとおり、２００６年から２００７年にかけて、マネタリーベースは一時的な減少がみられる。しかし、これは明らかに日銀の金融政策の失敗であり、この結果、日本経済は深刻なデフレに追い込まれることになった。だから、余程のことがない限り、金融調節は、マネタリーベースの増加額をコントロールすることで可能であり、マネタリーベースを減らす、つまり通貨発行損が発生する事態は例外的と考えるべきだ。それでは、マネタリーベースは平均的に1年間にどれだけ増えているのか。１９９０年から２０１６年の平均だと13兆５０００億円、２０００年から２０１６年の平均だと20兆４０００億円ということになる。つまり、手堅く見積もっても、毎年13兆５０００億円の通貨発行益が平均的に出続けていることになる。13兆５０００億円というのは、消費税５％に相当する。つまり、消費税根絶基金が枯渇したとしても、消費税率ゼロを続ける

図表10●マネタリーベースの推移

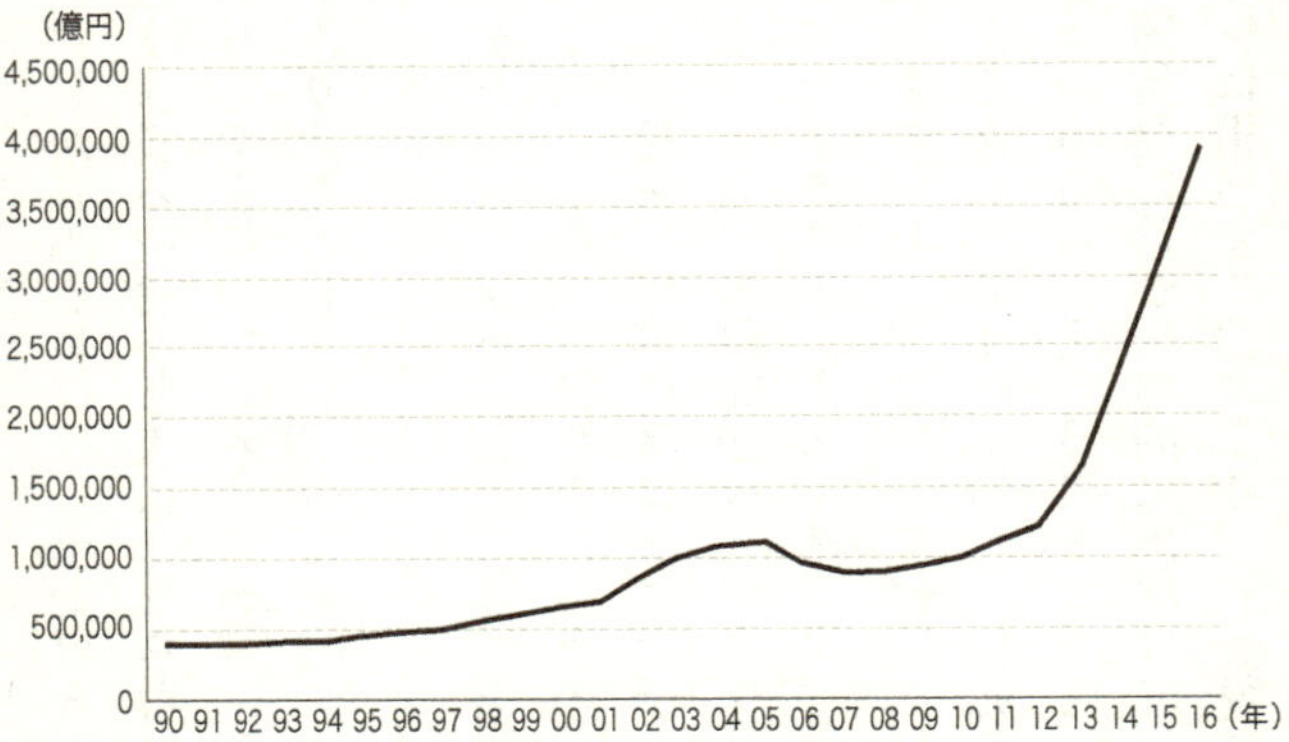

(資料) 日本銀行ホームページ

ためには、毎年消費税3%分の税収を新たに確保するだけでよいということになるのだ。

もちろん、今後高齢化がさらに進むなかで、さらに大きな税収が必要となるという意見は当然ありうる。しかしその場合でも、消費税以外に税収を確保する方策はいくらでもある。これから、主要な方法を例示していこう。

貯蓄に課税する

消費税を社会保障財源にすることの構造的問題は、これまでの社会保険料方式と異なり、収入ではなく消費から財源を調達することと、もうひとつは、社会保障費用の負担を国民だけが引き受け、企業が一切負担しないということだ。

　だから、もし消費税を社会保障財源にするというのであれば、消費税で取りきれていない部分を別の税金を創設して埋め合わせる必要がある。言うまでもないことだが、収入は、消費と貯蓄に分かれる。式で書くと、収入＝消費＋貯蓄だ。これまで収入比例にしていた社会保障負担を消費だけから取ることは、不公平の原因になる。所得の低い層ほど、収入から消費に回す比率が高く、結果的に富裕層より、低所得層の負担率が大きくなってしまうからだ。いわゆる逆進性の問題だ。この問題を防ぐ方法は、実は存在する。それは、貯蓄にも消費税と同じ税率をかけるということだ。そうすれば、社会保険料と同じように、負担が収入比例になる。突飛なことを言っているのではない。政府税制調査会のなかでも、貯蓄に税金をかけようという議論はなされているし、死亡消費税といって、死亡したときに、貯蓄として残っている遺産は、消費税を支払っていないのだから、まとめて消費税を徴収するという議論も実際に行われているのだ。ただ、この貯蓄に課税をするという方法は、税収の確定が非常に煩雑になる。銀行預金、郵便貯金、生命保険、株式、債券などの金融資産がどれだけ1年間に増えたのかを確定させることは、とても困難だ。また、現金については、増加額がいくらでもごまかせてしまう。しかも、消費税は事業者が納税するものだから、まだ対応ができているが、貯蓄額は世帯ごとに計算しないといけないので、各家庭が膨大な作業を行うはめになってしまう。納税が全世帯ということになれば、その申告書を受け付ける税務署の作業も大変なことになってしまうだろう。だから、手続き的には、社会保険料を引き上げたほうが、ずっと簡単なのだ。

また、国民は消費税と貯蓄税を同時に支払うとしても、企業が社会保障負担を逃れてしまうという問題は、残ってしまう。それを解決する方法として、企業の人件費に消費税率と同じ税率の社会保障税をかければよい。社会保障税は、先進国で広く採用されている税制だから、問題がないことは、すでに明らかになっている。税額の計算も簡単だし、事業者が法人税の納税の際に一緒に納めればよいので、徴税コストも高くない。だから、私は消費税率の引き上げを検討する前に、まず社会保障税の創設を考えるべきだと思う。もちろん、財界からは、猛烈な反発が生じるだろう。やっと、国民だけに社会保障の負担増を押し付けたのだから、いまさら企業が負担するのは一切御免だというのが財界の本音だろう。

金融資産全体に課税する

貯蓄課税には、とてもシンプルな仕組みの代替策がある。それは、金融資産全体に課税することだ。金融資産は、これまでの貯蓄が積み上がってできているのだから、擬似的に貯蓄に課税するのと同じことができるのだ。もちろん、貯蓄というフローにかけるのではなく、金融資産というストックに税率をかけるのだから、税率は消費税率より低くてよい。

たとえば、内閣府の「国民経済計算」によると、２０１２年末の非金融法人が保有する金融資産が８４８兆円、家計が保有する金融資産が１５５４兆円となっており、合計で企業と家計が保有する金融資産は約２４０１兆円ということになる。ここに１％の課税をするだけで24兆円の税収が入ってくる。地方税部分を含めた消費税の税収が22兆円程度だから、この金融資産税の導入だけで、消費税率を根本からゼロにすることが可能になるのだ。

ただ、金融資産税の導入を考えるときに、いつも問題になるのは、現金の扱いだ。現金だけは所有者を特定することができないからだ。そのため経済学者のなかには、現金に金融資産課税をするために、毎年紙幣をすり替えることを提案している人もいる。たとえば1万円札は、翌年９９００円分の新紙幣と交換すればよいというのだ。しかし、私は、そこまでしなくても、現金は非課税ということでよいと思う。企業と家計が保有する現金の額は正確にはわからないが、日銀の現金の供給額が90兆円程度だから、それより少ないのは確実だ。金融資産のなかで現金のウエイトは４％未満と低いのだから、現金に課税しなくても、十分に消費税をゼロにすることが可能だ。もちろん、現金を非課税にすると、皆が資産を現金に移してしまうという批判はあるが、そこは2％の物価目標をきちんと達成すればよい。インフレは現金への課税と一緒だ。現金には盗難のリスクもあるから、現金を大量に保有するという選択をする人は、非常に少ないのではないだろうか。

重要なことは、個人が保有する金融資産だけでなく、企業が保有する金融資産にも課税するということだ。社会保障の負担は、個人と企業で、折半で負担すべきだから、個人と企業の両方に課税するのは、当然のことなのだ。

法人税率を元に戻す

消費税が導入されたのは１９８９（平成元）年のことだった。３％で導入された消費税率は、１９９７年度から５％に、そして２０１４年度から８％へと引き上げられてきた。いまの法律では、２０１９年10月からは10％に引き上げられる予定になっている。

一方、消費税の導入以降、法人税率は一貫して下がってきている（図表11）。消費税が導入された１９８９年に50％だった実効税率が、２０１６年には、ついに30％を切る水準にまで下がったのだ。第３章で述べたように、法人の実効税率を１％引き下げるのには、

図表11●法人税の実効税率の推移

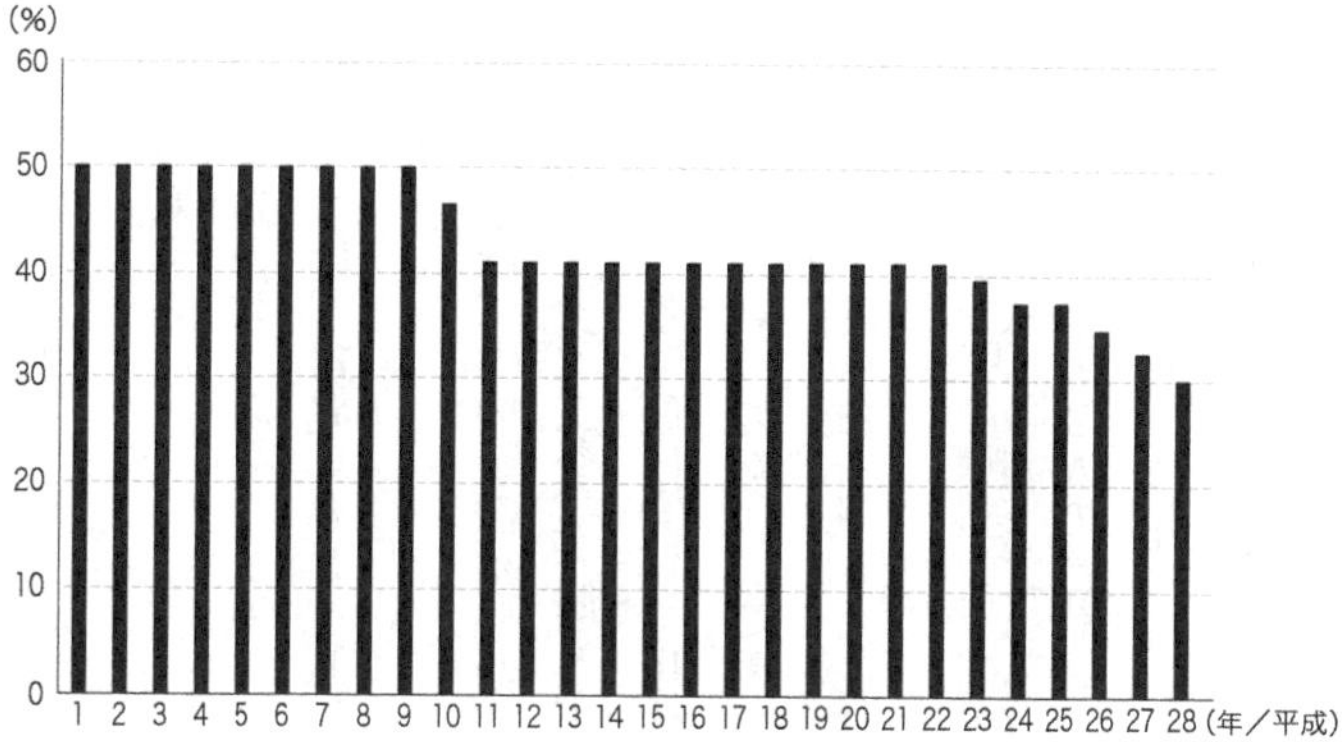

(出所)財務省ホームページ

6243億円の財源が必要になる。逆に言えば、税率を1%引き上げれば、6243億円の税収増になるということだ。

だから、現在30%の法人税の実効税率を50%まで戻してやれば、税収は12兆4860億円の増収となる。これだけで、消費税率を5%弱引き下げることが可能だ。つまり、法人税率を元に戻すだけで、現行8%の消費税率を3%に戻すことができるのだ。それで何ら不都合は生じないだろう。法人税は、あくまでも企業の利益にかかるのだ。利益のなかから半分税金に持って行かれたからといって、企業が経営に行き詰まることはない。30年前までは、そういうことをやっていて、何の問題も生じていなかったからだ。

相続税を増税する

国税庁の統計によると、2014年に相続税の課税対象になった遺産総額（負債控除後の正味資産）は、11兆4881億円で、相続税の総額は、1兆4516億円ということになっている。

しかし、私は、この金額は少なすぎるのではないかと考えている。たとえば、内閣府の「国民経済計算」で、家計（個人企業を含む）の2014年度末の正味資産は、2359兆円となっている。仮に30年で世代が入れ替わるとすれば、1年あたりの相続財産の発生は79兆円になるはずなのだ。これは、いま国税庁が把握している遺産総額の実に7倍だ。逆に言うと、現在の相続税は、実際の相続財産の7分の1しか税の対象にできていないことになる。

なぜ、こんなことが起きているのか。一番大きな原因は、基礎控除の存在だろう。現在、遺産を配偶者と子供2人の合計3人で相続した場合、相続税には4800万円の基礎控除が適用される（2014年には、8000万円だった）。大部分の国民は、そこまで遺産がないから、相続税が課税されない。

さらに、問題は基礎控除だけでなく、相続税の課税に関して、さまざまな減免措置があることだ。たとえば、被相続人（亡くなった人）の居住の用に供されていた宅地は、一定の条件を満たせば、330平方メートルまでは評価額が80％減額される。貸付事業以外の事業用の土地も、同じように80％減額だ。

親が住んでいた家や家業を営んでいた店舗の土地を相続税でごっそり持って行ってしまうのは可哀そうだということなのかもしれない。しかし、東京都心部であれば、地価は、坪500万円はする。330平方メートルというのは100坪だから、本来の評価額は5億円で、その80％を減額するということは、4億円については、相続税は課税しないということだ。いくら何でもこれは、金持ち優遇なのではないか。

こうした減免措置が、相続税に関してはたくさん存在する。そこで、それらの優遇措置をすべて廃止して、基礎控除もなくして、相続税を一律30％かけたら、税収が毎年24兆円も入ってくる。この税収はちょうど消費税を全廃できる金額だ。

もちろん、相続財産に一律30％を課税したら、庶民の負担は相当に重いものになる。だが、それが消費税の廃止と引き換えと言ったらどうだろうか。庶民の痛みが大きく減ることは、間違いない。資産は富裕層に集中しているから、富裕層の痛みは非常に大きいだろうが、冷静に考えてみれば、相続税の増税は、富裕層自身の懐を痛める話ではない。転がり込んでくる遺産の額が少し減るだけだ。相続税の本当の負担者は、亡くなった人なのだが、彼らは痛みを感じることはない。死んでしまっているからだ。

タックスヘイブンに逃げ出した資金に課税する

国際ジャーナリスト連合による「パナマ文書」の情報公開で、パナマ文書のリストに日本人とみられる230人と日本の法人20社が載っていたことが明らかになった。中国人の名前が3万人程度あったことと比べると、日本のタックスヘイブンへの関与は小さいようにもみえるが、そうではない。たまたま、この法律事務所の利用が少なかっただけのことだ。

国際決済銀行の統計でオフショア金融資産残高（タックスヘイブンに存在する金融資産）は2015年末で日本は7400億ドル（80兆円）と、イギリスやアメリカを抜いて、世界一になっている。しかも、米英が残高を減らすなか、日本だけが前年比で1兆円以上運用資金を増やしているのだ。

パナマ文書に名前が出た日本の法人や個人は、「名前を使われただけ」とか「法律に違反していない」と、誰ひとり責任を認めていない。もちろん、タックスヘイブンの利用は、形式上は合法なのだが、実はより重大な問題がある。それは、タックスヘイブンが共通して抱える取引の秘匿性だ。タックスヘイブンに流れた資金は、どのような運用がなされているのか、よくわかっていない。しかし、通常の金融市場と比べると超ハイリスク・ハイリターンであることは確かだ。具体的な証拠を示すのは難しいのだが、タックスヘイブンに流れたカネは、麻薬や売春などの資金のロンダリング、投機、人身売買、テロリストへの兵器提供などの闇資金に流れていると言われている。つまり、タックスヘイブンは一言でいうと闇金融なのだ。そこに資金を流し、合法だと言って涼しい顔をしていることが、許されるはずがない。

タックスヘイブンは、国際協調で規制をかけるのが本筋だが、それには時間がかかる。だから、日本はまず単独で規制を強化すべきだ。闇金融を利用してはならないという姿勢を世界に示すのだ。

しかもタックスヘイブンの利用にきちんと課税すれば、大きな税収を得ることができる。

2016年4月18日の中日新聞の記事で、横浜《よこはま》市立大学の上村雄彦《うえむらたけひこ》教授（国際関係論）は「節税と考える人もいるようだが、まったく違う。節税は税率が低い国に活動拠点を移すなどの合法な手法。租税回避とは、活動拠点を形だけタックスヘイブンに移し、実際は日本で活動しているようなケース。本来は日本に納税しなければならない」と指摘したうえで、「適正に課税されれば、日本の税収は3兆円程度増えるのではないか」とコメントしている。

タックスヘイブンの利用は、経済的にも、倫理的にも許されるべきではない。政府も基本的には、そうした問題意識を持っていて、現在のタックスヘイブン対策税制をより強化する方向の税制改正を行おうとしている。そうすることで、税収も増えるのだから、一石二鳥だ。ただ、まだ政府のやり方は、手ぬるいと思う。たとえば、タックスヘイブンを利用した個人や法人の実名と利用額を毎年公表するだけでも、劇的な効果があるのではないだろうか。

総合課税を行う

本題に入る前に、最初にショッキングなグラフからご覧いただこう。図表12（133ページ）だ。

この図は、ダイヤモンド・オンラインに掲載された原英次郎《はらえいじろう》氏「所得1億円超だと税負

図表12●申告納税者の所得税負担率

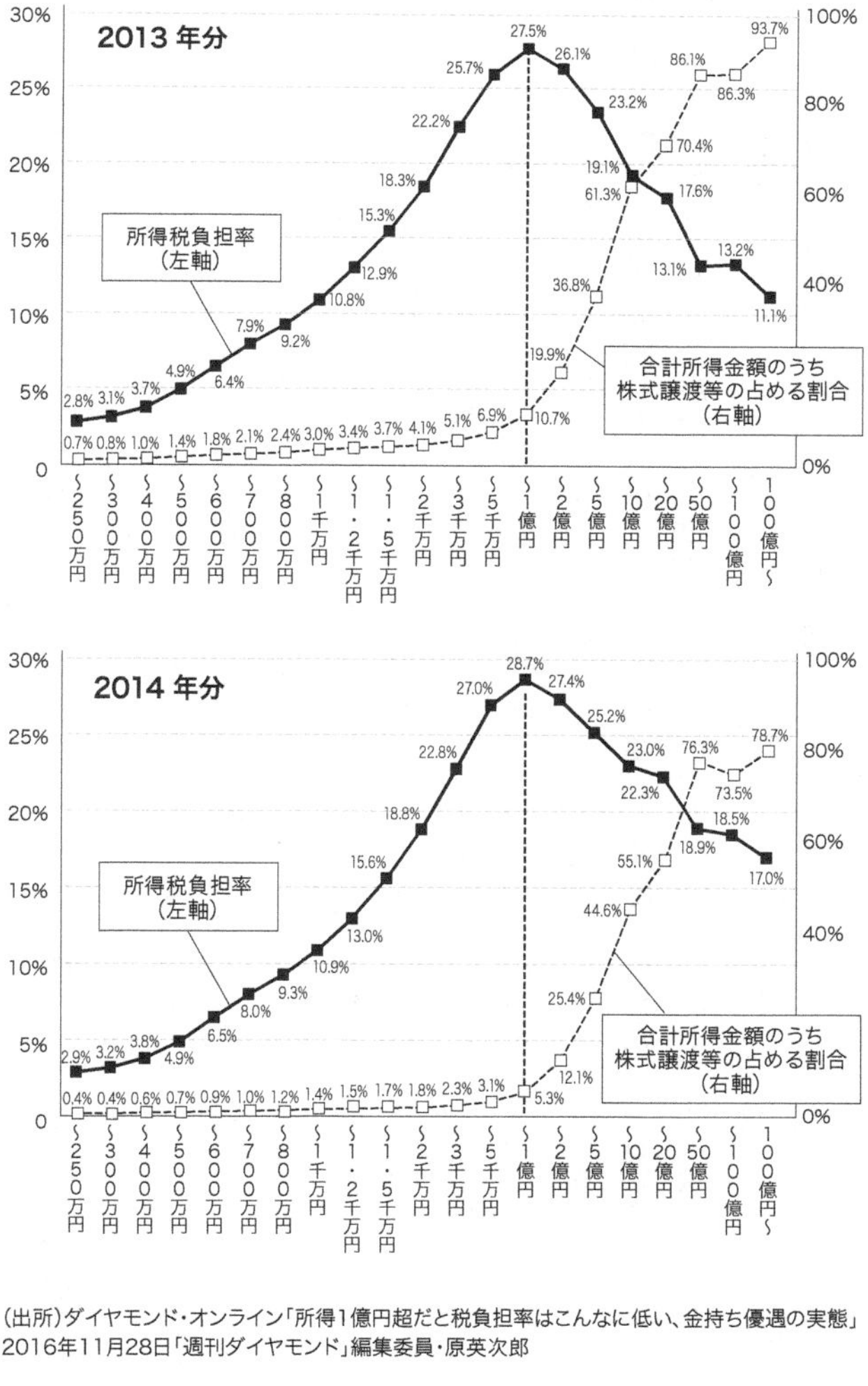

(出所)ダイヤモンド・オンライン「所得1億円超だと税負担率はこんなに低い、金持ち優遇の実態」
2016年11月28日「週刊ダイヤモンド」編集委員・原英次郎

た年収別の所得税率のグラフだ。所得に占める所得税の割合（所得税負担率）は、所得水準によって大きく異なる。最初は、所得が多くなるにしたがって、所得税負担率が上昇していく。累進課税なのだから当然だ。ところが、２０１４年のデータでみると、所得税負担率は、所得が５０００万円から1億円のところで、最大の28・７％を記録して、その後どんどん下がっていくのだ。年収１００億円以上の所得の人は、17・０％しか所得税を負担していない。なぜこんなことが起きるのか。その原因は分離課税にある。

個人の所得には総合課税になるものと、分離課税になるものがある。総合課税というのは、すべての所得を合算して課税するものだ。サラリーマンが得ている給与所得はもちろん、自営業で稼いだ所得も、役員報酬もすべて総合課税の対象になる。この総合課税される所得は、所得に応じて、最低５％から最高45％の所得税がかかる。累進課税だ。

一方、分離課税の代表的なものは、上場株式の譲渡益や配当所得だ。これについては、総合課税される所得とは別枠で、一律15％の所得税が課せられる（その他に地方税が５％かかるので合計20％）。この金融所得は、何百億円稼いでも、所得税率は、一律15％のままだ。つまり累進課税ではないのだ。総合課税される一般の所得は、年間所得が１９５万円を超え３３０万円以下の場合が税率10％、年間所得が３３０万円を超え６９５万円以下が税率20％だ。しかも、一般の所得には地方税が10％かかるから、年間所得が１９５万円を超え３３０万円以下の場合で、合計20％となる。つまり、上場株式の譲渡益や配当は、地方税込みで考えると、いくら稼いでも、年収３３０万円以下の所得層と同じ税率になっているということだ。これは、あまりにひどい不公平と言わざるを得ない。

なぜ、金融所得の課税がこんなに低いのかということについては、いくつかの説明がなされている。たとえば、金融所得への課税を厳しくすると、国内の株式を買う投資家が減って、資金が海外に流出してしまうという懸念だ。ただ、それは海外で稼いだ金融所得をきちんと捕捉《ほそく》して、課税すれば済む話だ。また、企業を創業して、株式上場に成功した場合、創業者は公開の時点で大量の株式を売ることになるが、そこで集中して株式を売ることになるので、累進課税にすると税率が高くなりすぎてしまうということだ。しかし、これも株式上場に伴って大金が転がり込んでくるのだから、そうした所得にこそ、重税を課すべきだと私は思う。

実は、分離課税は金融所得だけではない。退職金も分離課税になっている。退職金にかかる所得税の計算は、①退職金から退職所得控除を差し引き、②その金額の半分を、③他の所得とは分離して課税するというものになっている。退職所得控除は勤続20年までは1年あたり40万円、それを超える分は1年あたり70万円だ。たとえば勤続20年なら800万円、40年なら2200万円が退職金から所得控除されるのだ。大部分のサラリーマンは、この退職所得控除を差し引くだけで、所得がゼロになってしまう。現に、厚生労働省の「就労条件総合調査」(2013年調査)によると、定年退職者の退職金の平均支給額は、大卒が1941万円、高卒が1673万円となっている。最も支給額の多い企業規模1000人以上の大卒者でも、2290万円ということになっているのだ。

だから本来なら、この退職所得控除の適用だけで十分で、2分の1軽課も、分離課税も不要なはずだ。なぜ、その制度を見直そうとしないのか。一つの理由は、国家公務員の退職金が多いからだろう。2013年に定年退職した国家公務員の平均退職手当は2295万円で、民間の大企業・大卒者の平均を上回っている。しかも、これはあくまでも平均だ。高級官僚と呼ばれる中央官庁のキャリア組は、はるかに高い退職金をもらっている。具体的な実態はベールに包まれているが、退職金の分布をみると、5000万~6000万円が36人、6000万~7000万円が19人、7000万~8000万円が16人、なんと8000万円以上という人も1人いる。しかも、高級官僚は、全部とは言わないが、かなりの割合が天下りをする。そのなかには「渡り」と言って、数年ごとに企業や団体などを渡り歩いて、その度に数千万円単位の高額の退職金を手にするのだ。

その場合、勤務年数が短いので退職所得控除は、ほとんど得られない。だから、２分の１軽課と分離課税が必要になるのだ。

そして、２分の１軽課と分離課税を愛している人が、もう一群いる。それが外資系金融関連のエリート社員だ。彼らの年俸は数千万円に達する。当然、所得税45％と住民税10％が適用されるから、限界税率は55％に達している。ところが、実際に外資系金融機関で働いた人の話を聞くと、彼らは報酬をあらかじめ退職金に回しておくのだそうだ。

たとえば、年俸が６０００万円だったとすると、その半分の３０００万円を毎年の報酬として受け取り、残りの３０００万円を退職金の原資として、会社に積み立てておく。５年間働けば、貯金が１億５０００万円になる。それを退職金として、受け取れば、まず２分の１軽課によって所得は７５００万円とみなされる。この段階で、７５００万円は無税になってしまうのだ。そして、課税対象となる７５００万円も、分離課税だから、他の所得と合算をする必要がない。もし退職金の２分の１軽課と分離課税が存在しなかったとしたら、この外資系金融機関勤務者が退職時に負担する所得税は７５０４万円だが、退職金税制のある現行制度で計算すると３５５９万円となる。減税額は、実に３９４５万円だ。退職金税制、特に2分の1軽課と分離課税が、とてつもない恩恵を高級官僚と外資系金融関連のエリート社員に与えているのがおわかりいただけるだろう。

社会保険料の分野でも富裕層優遇

実は、富裕層優遇は、税金の世界だけに存在するのではない。社会保険料の分野でも同じようなことが起こっている。いま一般のサラリーマンが負担する厚生年金の保険料は、本人負担分が９・０９１％となっている。この保険料率が、給与にも賞与にもかかる。ところが、月給が62万円を超えると、どんなにたくさん給料をもらったとしても、62万円とみなされるのだ。賞与については、１５０万円を超えると一律１５０万円とみなされる。つまり、月給62万円、賞与１５０万円を超える部分については、一銭も年金保険料負担をしなくてよいということになっているのだ。

なぜ、こんなおかしな制度設計になっているのかを厚生労働省の官僚に質問したことがあるのだが、「無制限に年金保険料を増やしてしまうと、その人が受け取る厚生年金も増えてしまうので、社会的な公平性からみて、望ましくない」ということだった。

しかし、この回答は、日本の公的年金が積立制度だった時代の発想だ。2004年度の年金制度改正で、日本の公的年金は賦課制度に変わった。年金保険料は、自分に返ってくるお金ではなくなり、現役世代の年金保険料で、その時点の高齢者の年金給付をまかなうことになったのだ。自分に返ってくるのではないのだから、年金保険料は、事実上税金と同じになったのだ。それは、厚生労働省もわかっているはずだ。わかっているからこそ、年金保険料を未納にしていると、差し押さえをするようになったのだ。

さらに、収入の上限は、健康保険料にも設けられている。全国健康保険協会の場合、月給に関しては135万5000円、賞与に関しては年間573万円を超える部分には、保険料がかからないルールになっているのだ。

健康保険料の上限については、厚生年金のように高齢期の所得格差を減らしたいという根拠は見当たらない。保険料負担に上限がある理由は、ただ一つ。社会保険料でも富裕層を優遇するためなのだ。

その結果、何が起きているのかをみよう。図表13（140ページ）は、年収に占める社会保険料負担（厚生年金と健康保険のみ）の比率を、年収別にみたものだ。年収1000万円まで、つまりほとんどのサラリーマンは、年収の14・9％の社会保険料を負担してい

図表13●年収に占める社会保険料負担率

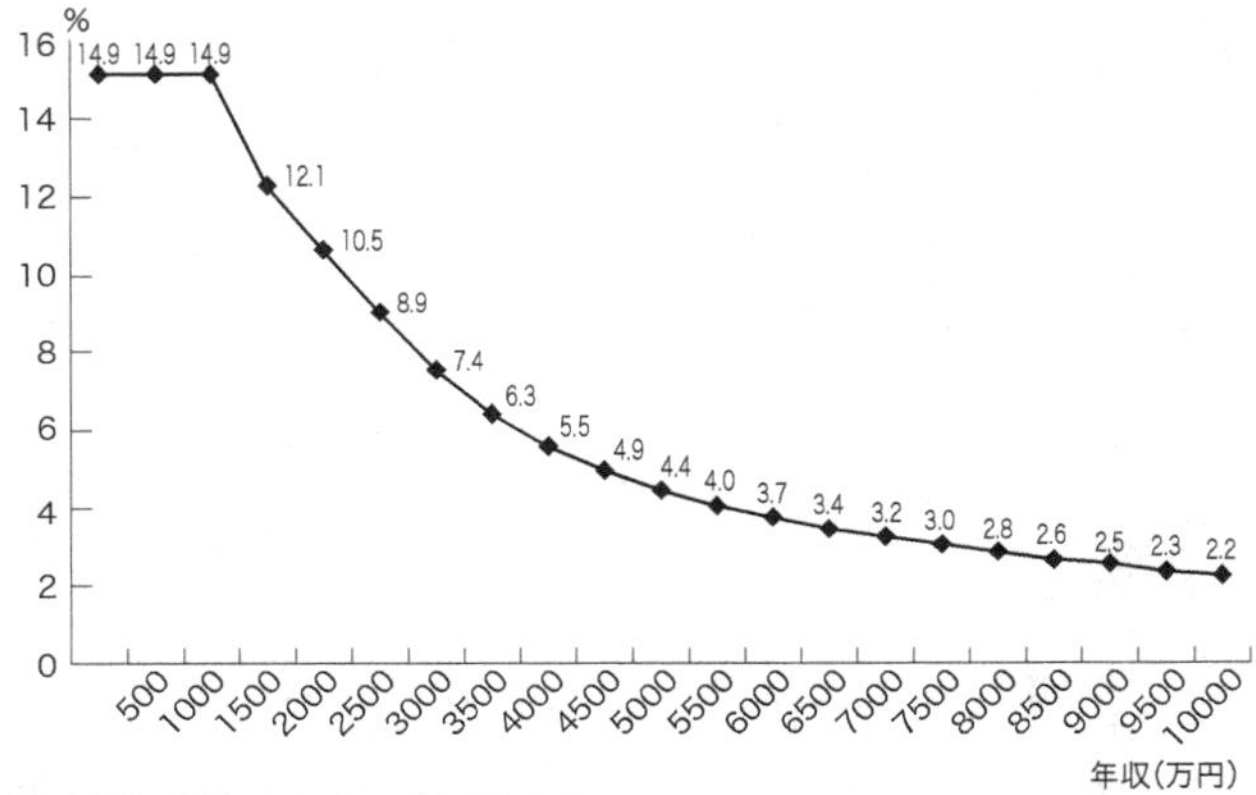

(出所)保険料制度にもとづいて森永卓郎作成

る。ところが、保険料負担に上限があるため、年収１５００万円では12・１％に下がり、年収２０００万円では10・５％となる。その後も年収が増えるごとに、この比率は確実に下がっていき、年収１億円では２・２％、年収10億円では０・２％、そんな人はサラリーマンにはいないと思うが、年収１００億になるとほぼゼロになる。とんでもない逆累進課税の構造になっているのだ。こんなバカげたルールがまかり通っている一番の理由は、国民の多くがその仕掛けに気付いていないからだろう。

公的年金が賦課方式に変わったことによって、厚生年金保険料は税金と同じ性格のものになった。健康保険料は、もともと税金と同

図表14●年収別税・社会保障の負担率

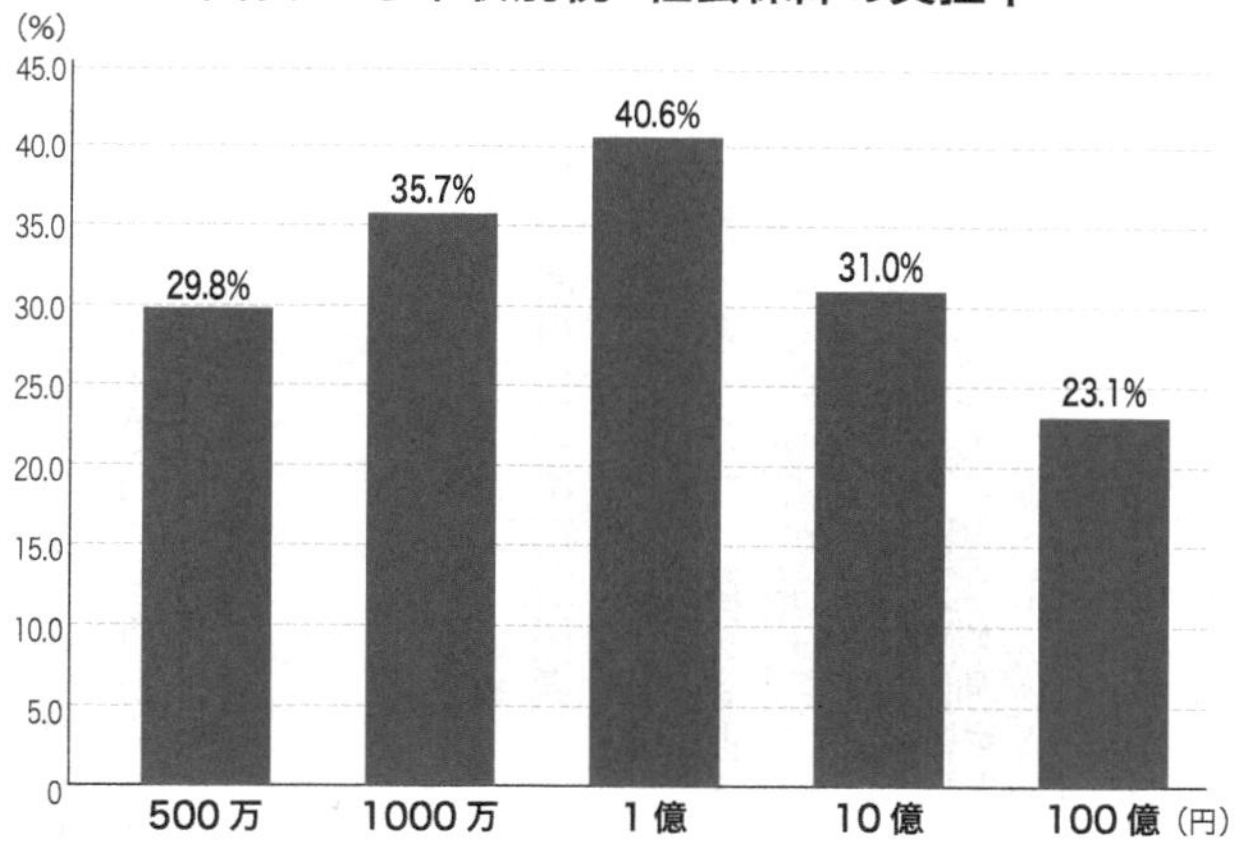

（出所）税・社会保険料制度にもとづいて森永卓郎作成

じだ。ちなみに国民健康保険の場合は、最初から保険料ではなく、国民健康保険税といって、地方税の一種になっている。そこで、国税、地方税、社会保険料を合わせた税・社会保障の負担率がどのようになっているのかを、図表12（１３３ページ）と図表13（１４０ページ）のデータに、推計される地方税負担を加えて作成したのが図表14（１４１ページ）だ。厳密に言えば、図表12は課税所得ベースで、図表13は年収ベースなので、合体させるのは問題があるのだが、そのことで大した影響はないので無視した。

さて、結果をみると、年収５００万円の普通のサラリーマンが負担する税・社会保険料は収入の30％だ。そして年収１０００万円で

36%、年収1億円で41%と、累進課税制度の下で負担率は上昇していく。

ところが、年収10億円だと負担率が31%と、普通のサラリーマンとほぼ同じになり、年収100億円になると、誰よりも低い負担率になる。残念ながら、これがいまの日本の税制の構造なのだ。

租税特別措置という税制の伏魔殿

分離課税が所得税の富裕層優遇だとしたら、法人税の大企業優遇の典型が租税特別措置だ。租税特別措置というのは、特定の政策を実現するために一定の条件を満たした個人や企業を増減税するもので、政策税制といってもよい。ただし、それは一般論で、日本には膨大な数の租税特別措置が存在しており、その多くが法人税関連であり、そして実態としては、大企業の減税にさかんに使われているのだ。もちろん、中小企業を対象にした租税特別措置も複数あるし、租税特別措置の利用が大企業に限定されているわけではないのだが、現実には、税制を知り尽くし、税務スタッフも多く抱えている大企業が、租税特別措置をフルに活用しているというのが実態なのだ。

租税特別措置は、政策減税の場合が多いから、当然税収が減る要因になる。そのため、民主党政権のときに租税特別措置の全廃に取り組もうとしたのだが、空振りに終わってしまった。租税特別措置こそ、経済界の最大の利権だからだ。

租税特別措置がいくつあるのかは、数え方がむずかしいのだが、法人税関連でいうと、企業支援、地域振興、市街地整備、雇用対策、二重課税調整、環境保全などの分野に、大くくりで80程度の租税特別措置が存在している。そして、そのうち約半数を「企業支援」が占めているのだ。

民主党政権は、租税特別措置の全廃には失敗したが、「租税特別措置の適用状況の透明化等に関する法律」を成立させた。これは、租税特別措置のうち法人税関連で税収減に結びつくものの適用実態を明らかにするための法律だ。この法律によって、それまで闇に隠れていた租税特別措置の片鱗《へんりん》がみえるようになったのだ。

この法律に基づいて財務省が国会に提出している「租税特別措置の適用実態調査の結果に関する報告書」によると、2014年度の法人税関係特別措置の適用額は、①法人税率の特例が2兆9841億円、②税額控除が1兆7551億円、③特別償却が1兆8576億円、④準備金等の損金算入額が1兆2177億円の合計7兆1345億円に達している。もちろん、この金額がそのまま税収減になるわけではない。税額控除はそのまま税収減になるが、その他の項目は所得金額が控除されるだけだ。また、法人税率の特例に関しては、どれだけ税率が引き下げられているのかがわからない。そこできわめて乱暴だが、税額控除は全額、その他の項目は所得控除額に法人税の実効税率の半分、15%を乗じて、減収額を計算すると、租税特別措置による減収は1兆9765億円ということになる。約2兆円の税金が特定の企業だけ減免されていることになる。

しかも、その多くが大企業支援に使われているというのが実態だ。たとえば、試験研究を行った場合の法人税額の特別控除の適用額のうち、99・9%が資本金1000万円以上の企業に対してなされており、96・1%が資本金100億円以上の大企業に対してなされている。まさに大企業のための租税特別措置になってしまっているのだ。

フラット税率の適用で何が起きるのか

分離課税や租税特別措置の存在、社会保険料負担の頭打ちといった構造上の問題で、いまの日本は本来の税収を得られていない。そこで、こうした問題を解消するために、一つの思考実験として、まず社会保険料をすべて税金で徴収することにして、さらに分離課税や研究開発投資減税などの法人税の租税特別措置もやめて、すべての所得を総合課税かつ単一税率で課税したら何が起きるのかを考えてみよう。

いま庶民の税・社会保障負担率は30％だから、所得税も法人税も一律30％にしたとする。このなかには、地方税の部分も含むものとする。

内閣府の「国民経済計算年報」によると、２０１４年（最新年次）の雇用者報酬（労働者が受け取る総報酬）は２５１兆円、営業余剰および混合所得（企業や自営業者の利益）が91兆円となっている。そこに、同率の30％の課税をすると、税収は１０３兆円となる。

一方、２０１６年度予算で税収をみると、所得税が18兆円、法人税12兆円、消費税17兆円、道府県民税６兆円、事業税４兆円、地方消費税５兆円、市町村民税９兆円で、合計の税収は71兆円だ。このほかに年金保険料が37兆円あるから、国民および企業の負担は合計１０８兆円となっている。30％一律課税より約６兆円ほど多いが、ほぼ同じ税収なのだ。

だから、面倒なことをせず、すべての所得に一律30％を課税するということで、財政は回るのだ。一般サラリーマンに30％の課税をするのは過酷だと思われるかもしれないが、すでに一般庶民は社会保険料込みで、ほぼ30％の税・社会保険料負担をしている。しかも、消費税を負担しなくてよいのだから、実質大幅減税だ。企業も、法人税の実効税率は30％だから、現行と比べて、変化はない。それでは、このやり方で誰が損をするのかというと、富裕層とさまざまな手段を講じて、税金を逃れている大企業だけなのだ。

行政改革でも財源の捻出は十分可能

民主党政権の最大の売りであった歳出削減による財源捻出《ねんしゅつ》がうまくいかなかった理由は、国家公務員の給与を引き下げることができなかったからだと、私は考えている。しかし、最も確実で、最も望ましい歳出削減策は、国家公務員の給与削減なのだ。

２００９年の民主党政権発足直後は、日本中が行革の熱意にあふれていた。国民の声に後押しされて、事業仕分けが行われ、政治家が税金の無駄遣いを厳しくチェックした。東日本大震災の後には国家公務員の給与や賞与を８％カットして復興経費に充てるという大胆な政策が採られた。ところが２０１２年末に自民党政権が復活すると、行革の声はほとんど聞かれなくなってしまった。そのなかで、こっそりと、国家公務員の給与や賞与の８％カットは闇に葬られ、国家公務員の人件費が大復活を遂げてしまったのだ。

国家公務員の人件費総額を把握するのは、実は容易ではない。公務の一部を切り離して独立行政法人に看板を掛け替えれば、表面上人件費が減ったようにみえてしまうからだ。しかし、財務省が発表している「連結財務書類」は、この問題でも、大きな役割を果たしてくれる。連結財務書類は、国と特殊法人、独立行政法人、国立大学法人などの決算を統合した連結決算だから、統合された数字をみれば、看板の掛け替えをしても、人件費を見かけ上減らすことができないからだ。

連結財務書類の人件費をみると、まずその金額の多さが目に付く。国家公務員の人件費総額は5兆円程度だから、そこを引き下げても、大した歳出削減効果はないと、よく言われる。しかし、連結でみると、人件費の総額は、2倍近くに膨れ上がっている。これが、本当の国家公務員が受け取っている報酬の総額なのだ。

また、連結財務書類でみた人件費の動きも興味深い（図表15・148ページ）。人件費は、2006年度、2007年度と大きく減っている。第1次安倍内閣が2006年9月から2007年8月までだから、その時期に重なっている。実は、安倍総理は、第1次内閣のときには行政改革に非常に熱心だった。渡辺喜美《わたなべよしみ》氏が規制改革・行政改革担当の大臣となり、郵政公社が完全民営化され、日本郵政となったのも2007年だった。そして、もう一回、人件費が下がったのが2012年度だ。これは、先に述べたように、復興予算確保のため、国家公務員の人件費削減が行われた年だ。ただ、この年の人件費は前年比4・3％減で、8％減らすと言っておきながら、実際には半分程度しか削減されなかった

図表15●公務員人件費の推移

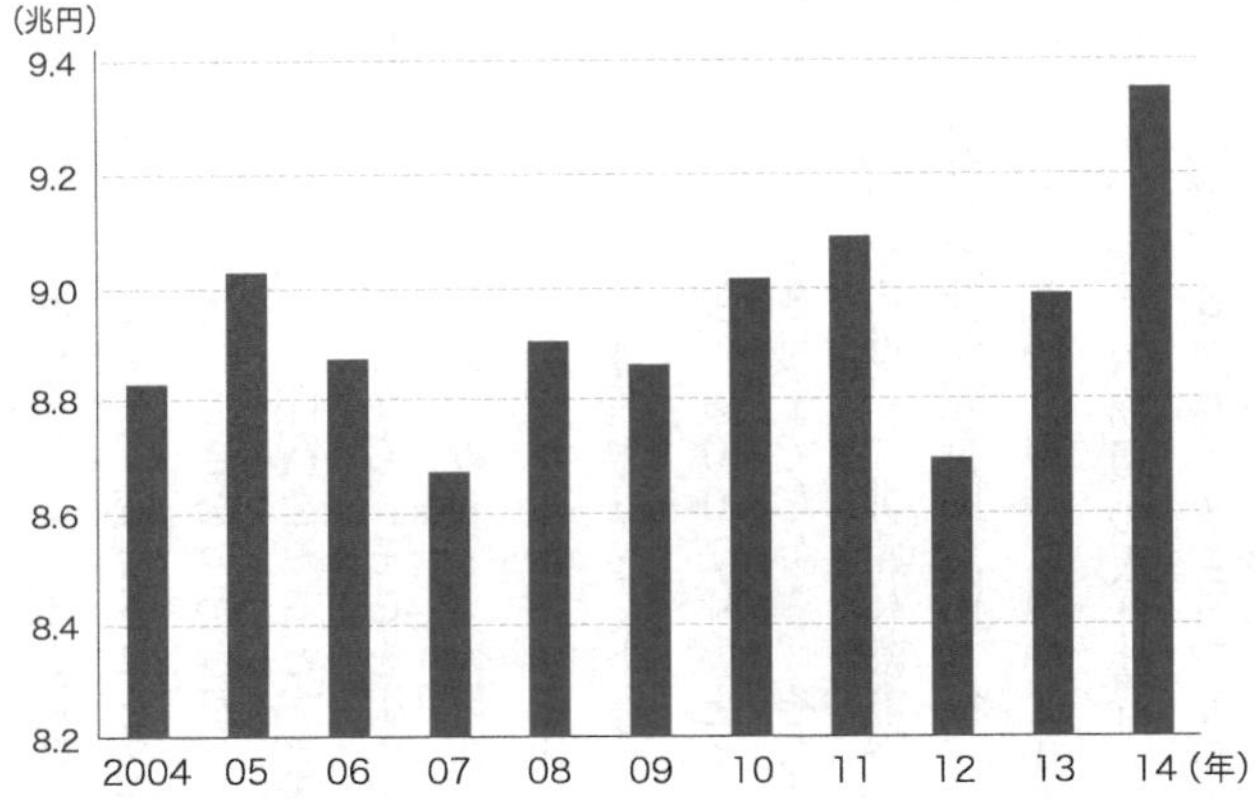

(出所)財務省ホームページ

のだ。

一方、自民党政権に戻った２０１３年度の人件費は３・４％増、続く２０１４年度も４・０％増と増えている。２年間で７・５％も人件費が増えているのだ。これは、公務員給与削減による復興予算捻出を、たった２年でやめたことの影響だが、実は元に戻すどころか、震災前以上に人件費を増やしているのだ。

郵政民営化とか、復興予算確保のための給与カットという大きなショックがあると、国家公務員人件費は減るが、何もしないと、どんどん膨張していく。「政府は常に肥大化する」というのは世の常だ。そして、２０１４年度に、人件費は過去最高額に達している。

その結果、国家公務員は、すでに、とてつもない高給取りに変貌《へんぼう》している。

２０１６年11月に三菱ＵＦＪリサーチ＆コンサルティングが発表した２０１６年冬のボーナスの見通しによると、国家公務員（管理職および非常勤を除く一般行政職）のボーナス（期末・勤勉手当）の平均支給額は69万８５００円と、前年比６・１％も伸びた。一方、民間企業（調査産業計・事業所規模５人以上）のボーナスは、前年比０・４％増の37万１６７６円となっている。国家公務員の冬のボーナスは、民間よりも88％も多いというのが、現実なのだ。

ただ、ボーナスだけで比較すると、報酬の一部だけをみることになってしまうので、年収で比較をすべきなのだが、実は国家公務員の平均年収は公表されていない。ただ、人事院勧告のなかで、国家公務員のモデル年収が公開されているので、それをみると、２０１５年度の一般行政職の平均で６６１万円だ。一方、民間企業の平均年収は、国税庁の「民間給与実態統計調査」によると、４２０万円だ。国家公務員は、民間企業より57％も多い年収を得ているのだ。ただし、「民間給与実態統計調査」は、調査対象に非正社員が含まれている。そこで民間の正社員だけの平均年収をみると４８５万円となっている。民間の正社員と比べても、国家公務員の年収は37％も高いのだ。

国家公務員法では、公務員の給与は民間準拠ということになっている。それなのに、なぜこんなに国家公務員の年収が高くなるのかというと、そこには巧妙なからくりがある。国家公務員の給与や賞与は、人事院勧告によって決められるのだが、勧告を出すための民間企業の給与調査が事業所規模50人以上の正社員だけを抽出して行われており、国家公務員給与は、それに準拠して決められているのだ。事業所規模というのは、企業規模ではない。営業所や支店、工場など、一つの事業所の規模が50人以上ということは、企業規模でいえば、相当な大企業に調査の対象が限られる。つまり、国家公務員の給料は、事実上、大企業並みになるように調査自体が設計されているのだ。国家公務員は勝ち組の処遇にする。そんな横暴が行われ続けてきたのだ。

国家公務員の年収を民間並みに引き下げると……

さて、国家公務員の年収を民間並みに引き下げたら、どうなるだろう。実は国家予算に計上されている人件費は5兆円ほどに過ぎないが、国家公務員の給料を下げれば、独立行政法人などの給料も道づれで下げることができる。連結財務書類で2014年度の人件費は9兆3470億円だったから、国家公務員の平均年収661万円を民間平均の420万円まで36・5％引き下げれば、３兆４０００億円の人件費削減が可能になる。しかも、これには何の法律改正も必要がない。法律の趣旨にしたがって、本当の民間の平均に国家公務員の給与を合わせるだけだからだ。ちなみに、この国家公務員の人件費削減だけで、消費税率を１・２４％引き下げることが可能なのだ。

消費税が必要という思い込みから抜け出そう

日本経済がデフレから完全脱却し、金融緩和の通貨発行益による財政維持、すなわち「財政ファイナンス」ができなくなったら、日本の財政は、プライマリー・バランスの赤字を解消する必要に迫られる。借金を増やさないようにする必要が出てくるのだ。ただし、その場合でも、これまでみてきたように、税収確保や歳出カットの手段はいくらでもある。消費税をゼロにして、財政を安定的に運営することは、長期的にも、むずかしいことではないのだ。それなのに、政府は、いまだに消費税増税にまっしぐらで、他の手段による財政収支改善策を検討している気配がまったくない。もっとていねいに財政全体の構造をよく見極めて、負担が一箇所に偏らないように、バランスのとれた財政システムを考えるべきだろう。

そして、国民の方も、早く消費税マインドコントロールから解放されて、冷静に日本の財政のことを考えていくべき時期に来ていると私は思う。ただ、俗にマインドコントロールから脱却するには、マインドコントロールされてきた期間と同じだけの時間が必要になると言われている。我々が、「社会保障に消費税が不可欠」と思い込まされてから四半世紀も経ってしまったのだから、このままいったら、消費税神話は当分の間、壊れそうにない。しかし、主要政党のどこも主張していない「消費税率の引き下げ」に日本政府が踏み切る可能性が、いまゼロではなくなったと、私は考えている。アベノミクスを取り巻く環境が大きく変化しようとしているからだ。

第5章　トランプ大統領の誕生とアベノミクスの終焉

トランプ大統領は突き進む

２０１６年の最大のニュースは、大方の予想を裏切って、ドナルド・トランプ氏がアメリカ大統領選挙に勝利したことだろう。安倍総理は、アメリカ大統領選挙で勝利した直後のトランプ氏と早速、電話会談を行った。大統領選挙前には絶対に会おうとしなかった安倍総理は、会談のなかで、「たぐいまれなリーダーシップにより、アメリカがより一層偉大な国になることを確信している」と手のひらを返してトランプ氏を讃《たた》え、トランプ氏も「日米関係は卓越したパートナーシップであり、この特別な関係をさらに強化していきたい」と、優等生のような返礼をした。

経済界でも、経団連の榊原定征《さかきばらさだゆき》会長が「豊富なビジネスの経験を持っている。現実的な政策が出ることを期待する」とし、サントリーホールディングスの新浪剛史《にいなみたけし》社長は「切っても切れない日米経済の現実を直視してほしい」と、トランプ氏が現実路線に転換することを期待したコメントを発表した。

しかし私は、「人間の性格は、そう簡単には直らない」と確信している。特に70歳を迎えたトランプ氏に柔軟性を求めることには、無理がある。トランプ大統領は「アメリカ製造業の復権」という信念を貫くだろう。そして選挙期間中に主張していた政策は、基本的に実行に移すと考えておいたほうがよいと思う。

トランプ大統領の過激な発言を受けて、多くの評論家が「トランプは無知だ」、「滅茶苦《めちゃく》茶《ちゃ》な経済政策を並べている」、「荒唐無稽《むけい》だ」といった批判を繰り返している。しかし、それは日本の立場からみているからで、トランプ大統領の経済政策は、「アメリカ経済をよくする」という点からみれば、実に的確で整合性のとれた政策となっているのだ。

アメリカのことしか考えない経済戦略

トランプ大統領がアメリカ経済を活性化させる第一の方策は、マクロ経済政策だ。まず、財政政策では、インフラ更新のために大規模公共事業を展開する。そして、減税を重ねる。大規模財政出動だ。そして、金融政策ではドル安・円高に誘導する。

大規模財政出動とドル安政策、ふたつのマクロ経済政策が確実にもたらすのは、アメリカのインフレだ。有効需要拡大でデマンドプル型のインフレが起こり、ドル安でコストプッシュ型のインフレが起きるからだ。ただ、賃金はすぐには上がらないから、インフレでアメリカの労働者の実質賃金が下がってしまう。それは労働者の不満につながる。そこで、トランプ氏がやろうとしているのが、オバマケアの廃止だ。

オバマ大統領は、健康保険の加入対象者を罰則付きで大幅に拡大した。その結果、健康保険料を支払わなければならなくなった国民は、手取り収入が減って大きな不満を抱えた。それが大統領選挙での民主党への逆風にもつながったのだ。ただ、オバマケアを廃止してしまえば、保険料負担が減るから、実質賃金の低下を補うことができる。また、減税の実施も、実質賃金の低下を埋め合わせることに貢献するだろう。

また、巨額の財政出動は財政赤字をもたらす。それも、景気が拡大していけば中長期的に税収増によって抑えていくことが可能だし、日本をはじめとする同盟国に、より多くのアメリカの軍事費分担を求めることでも、ある程度抑えることができるのだ。

そうしたトランプ大統領のアメリカのことしか考えない経済戦略の下で、これからの日本経済は、大きな影響を受けることになるだろう。それには、大きく分けて三つある。

駐留米軍経費の負担増

一つは、安全保障だ。トランプ氏は一貫して、日本はアメリカの防衛力にただ乗りしているという主張を繰り返してきた。日本は、自力で防衛すべきとして、一時は日本の核保有を容認する発言さえしていた。しかし、それはトランプ大統領の本音ではない。彼は、こうも言っている。「日本は駐留米軍の経費を半分しか負担していない」、「もし日本が引き続きアメリカに守ってもらいたいなら、アメリカの防衛に対する負担を大幅に増やさなければならない」。こちらが、トランプ大統領の本音だろう。

日本に駐留している米軍は、日本を守るために駐留しているのではない。沖縄に駐留している米軍は、海兵隊が中心だ。海兵隊というのは、有事の際に、真っ先に敵地に乗り込み、後からやってくる自国軍のために、港や空港、道路などを確保する先遣隊だ。殴り込み部隊と言ってもよいだろう。だから、たとえば、尖閣《せんかく》諸島の領海を中国が侵犯したとしても、海兵隊が出動することはない。シーレーンの防衛は、海軍の仕事だからだ。それでは、なぜ海兵隊が沖縄に駐留しているのかというと、アジアから中東という幅広い地域に米軍が進撃するための前線基地として、沖縄を利用しているからだ。日本を軍事拠点として無料で使えるという利権を、トランプ氏がやすやすと手放すとは思えない。現に、安倍総理との会談のなかで、トランプ氏は、辺野古《へのこ》での新基地建設に合意したと言われている。日本から米軍を引き揚げるつもりなど、最初からなかったのだ。

トランプ大統領がやろうとしているのは、駐留米軍経費の日本側負担を引き上げることだ。現在、日本政府は、米軍駐留にかかわる間接コストのすべてを思いやり予算として負担しているのだが、思いやり予算以外にも、米軍のグアム移転経費など総額で６０００億円程度の負担を毎年している。しかし、米軍の人件費や武器弾薬などの直接経費は負担していない。この分が、およそ６０００億円あると言われている、トランプ大統領は、それも負担しろと言っているのだ。

こうしたアメリカからの要求に対して、日本が採りうる対応策の一つは、アメリカ従属という外交戦略をやめて、独立国として行動することだ。イギリスがＥＵから離脱するように、日本もアメリカの属国から離脱するのだ。そうすれば、日本は自由に政策を決めることができる。

そんなことをしたら、日本はアメリカの軍事力で守ってもらえなくなると、政府や財界は考えている。しかし、フィリピンのロドリゴ・ドゥテルテ大統領は、アメリカ支配からの決別を宣言した。アメリカに反旗を翻したのだ。ただし、フィリピンは、西側の自由主義陣営から抜けると言ったわけではなく、アメリカへの隷属体制を止めることを選択しただけだ。アメリカとも、中国とも、ロシアとも対等に付き合うというのが、ドゥテルテ大統領の外交戦略なのだ。そうした戦略を採った結果、フィリピンが中国の侵攻を受けるようになったという事実はまったくない。2014年に結ばれた米軍のフィリピン軍基地への駐留を事実上可能にする「米比防衛協力強化協定」をアメリカが破棄しようとする気配もみられない。日本に駐留する米軍は、米軍の世界戦略にとって重要な意味を持っているから、日本が経費負担を増やさなくても、米軍が撤退する可能性はほとんどないだろう。

もちろん、万が一米軍が日本から引き揚げてしまったら、100％日本が侵攻される可能性がないとは言い切れない。ならず者国家が日本を攻めてくることは、可能性としてはゼロではないだろう。ただ、そのときは、日本が自主防衛をすればよい。フィリピンは、アジア最弱の軍隊と言われながら、日本のわずか20分の1の防衛費で、自国の安全を守っているのだ。だから、外交交渉の手段として、とりあえず米軍の撤退を容認することが、日本外交が採るべき第一歩だと私は思う。

ただ、現実にどうなるのかという観点では、日本がアメリカの隷属から脱却するというシナリオは、ほとんどなさそうだ。安倍総理は、トランプ大統領と日米関係の深化で合意してしまっているし、既得権者たちは、いまの利権を守ることが大切なので、リスクの大きいアメリカとの対立を絶対に望まないからだ。おそらく安倍政権は、多少の抵抗を試みながらも、結局、米軍への拠出を増やすことで、米軍の傘の下にいるという戦略を継続するのだと思われる。そうなると、日本は最大6000億円もの米軍駐留経費負担を増やさなければならなくなる。それは、財政の大きな重荷になるだろう。

TPPの代わりに二国間交渉

トランプ戦略の二つ目の日本への影響は、TPPだ。トランプ大統領は、選挙期間中からTPPに強く反対してきており、実際、大統領就任と同時に離脱することを表明した。TPPは加盟国全体のGDPのうち、85％以上を占める国々が賛成しないと発効しないルールになっている。アメリカのGDPのシェアは6割だから、TPPは、トランプ大統領の反対で、完全におしまいになったのだ。

実は、TPP参加12カ国で合意されたTPPの最終案は、もともと日本に非常に不利な内容になっていた。もちろん、アメリカからの強い圧力の結果だ。

日本政府は2015年12月24日に、TPPの経済効果の試算結果を公表している。GDPは14兆円増え、雇用が80万人も生まれるという。バラ色の未来だった。

しかし、TPP参加の唯一に近いメリットと言われた自動車の対米輸出は、関税撤廃が25年先に先送りされ、ピックアップ・トラックに関しては30年も先になった。一方で、農産物については51％の品目が即時撤廃、82％の品目が、最終的な関税撤廃に追い込まれた。つまり、現実問題としては、日本は完敗に近い譲歩をしたのだ。

それにもかかわらず、何故政府試算はバラ色の結果になっているのか。推計結果を細かく見ていくと、その理由が明らかになる。まず、農産物の生産額は、現状の6兆8000億円が、1300億円から2100億円減少するとしている。減少率は、2％から3％という軽微なものにとどまる。

果たしてこれは本当だろうか。実は、民主党政権時代に、農林水産省がTPPによって農産物への関税が撤廃された場合の影響を試算している。それによると、関連産業も含めてGDPが7兆9000億円減少し、340万人もの雇用が失われるとしていたのだ。

なぜ、そんなに結果が違うのか。当時農水省は、19の主要作物への関税撤廃の影響を推計していたが、生産の減少率は、コメが90％、小麦が99％、牛肉が75％、甘味資源作物は100％だった。新しい政府試算の結果では、コメの生産減少率はゼロ、小麦が16％、牛肉が5～9％の減少となっている。昔の農水省推計とあまりに違っているのだ。

もちろん、かつての農水省推計は、関税がゼロになった場合の影響を試算しているので、前提がまったく違うのは事実だ。たとえば、TPP交渉の結果、日本が課しているコメへの高い関税は、維持されることになった。ただし、アメリカとオーストラリアに7万8400トンもの無税輸入枠を与えることになっている。政府は、この無税輸入枠に相当する分を政府備蓄米として買い入れるから、コメ農家への影響はないとしている。しかし、無税で安いコメが大量に入ってきて、コメの価格に影響がないとみるのは、あまりに無理があるだろう。

牛肉の場合は、もっとおかしい。牛肉の関税は現在38・5%だが、TPP発効1年目に27・5%に下がる。その後も段階的に引き下げられ、16年目には9%になる。関税率が劇的に下がるのに、政府は国産牛肉の減少率は5～9%としている。農水省推計では、関税がゼロになったら、牛肉の生産は75%減るとしていたのだから、それを前提とすると、単純計算で、16年目にはTPPの関税引き下げで牛肉の生産が57%減るというのが、自然な推計結果だ。つまり、TPPの実施はとんでもない惨禍を日本経済、特に農業にもたらす。政府の本音は、「TPPで大きな経済的打撃はあるが、米軍に日本を守ってもらう以上、代価を支払わざるを得ない」というものだったのだろう。

だから、もしTPPが発効していたら、日本の農業や地方経済が、壊滅的状況に追い込まれていただろう。だから、トランプ氏がTPPをご破算にしてくれたことは、一見、日本経済に大きなプラスのようにもみえる。

　また、トランプ大統領がＴＰＰを認めないことに関しては、「保護主義の台頭は世界経済を萎縮《いしゅく》させる」という批判もなされている。

　だが、トランプ大統領がやろうとしているのは、関税の引き上げ競争といった保護主義に世界経済を走らせようということではけっしてない。彼は、ＴＰＰのような多国間ではなく、二国間協議で、経済連携協定を定めようと主張しているのだ。二国間のタイマン勝負であれば、アメリカは圧倒的に強い。ＴＰＰのときよりもはるかに強い圧力を与えることができる。「日本がアメリカ産牛肉への関税を残すのなら、それと同じ関税を日本の自動車にかけてやる」。トランプ大統領は選挙期間中にそう話した。もちろん、それは単なる脅しだろうが、アメリカが輸入品にかける関税はより高く、アメリカの輸出品にかかる関税はより低くというのがトランプ戦略なのだ。そうすれば、アメリカ産業の競争力は確実に高まるのだ。もちろん、そのしわ寄せはすべて海外に行く。しかし、そんなことは知ったことではない。それが「アメリカ・ファースト」のトランプの経済戦略なのだ。

　これから行われる「二国間交渉」によって、日本はＴＰＰのときよりも不利な競争条件を押し付けられ、それは日本経済の活力をじわじわと奪っていくことになるだろう。

なのだ。

金融緩和ができなくなる

トランプ戦略の三つ目は、為替《かわせ》政策だ。実はこれが、日本経済にとって最も危険な政策なのだ。

トランプ大統領は、中国と日本を為替管理国と非難してきた。2015年の演説でトランプ大統領候補はこう言っている。「日本の安倍は、(アメリカ経済の)殺人者だが、ヤツはすごい。地獄の円安で、アメリカが日本と競争できないようにした」、「キャタピラーがコマツより売れないのは円安誘導のせいだ」。

為替レートは、表向きは市場で決まることになっているが、実はそうではない。基本的に為替は、資金供給の比率で決まる。つまり、日本が金融緩和で、資金供給を拡大すると、為替は円安に向かうのだ。つまり、トランプ氏が批判してきた安倍政権の円安誘導策というのは、日銀の金融緩和策、つまりアベノミクスそのものなのだ。

アベノミクスの当初の3本の矢は、①金融緩和、②財政出動、③成長戦略だった。しかし、私の見立てでは、アベノミクスが成功した要因の99%は、金融緩和だった。

2012年の末、民主党政権末期に、日本経済は最悪の状態に陥っていた。為替レートは１ドル＝70円台、日経平均株価は８０００円台というまさに経済崩壊に近い状況に追い込まれていたのだ。そうなった理由は明白だ。リーマンショック後に先進各国が資金供給量を数倍に増やすなか、日銀だけがまったく資金供給を増やしていなかったからだ。世界のなかで円だけが足りないから、円が高くなる。経済学の教科書に書いてあるとおりのことが、世界経済で起こったのだ。その結果、日本の製造業は壊滅的な被害を受けた。

そこで安倍政権は、日銀総裁を白川方明《しらかわまさあき》総裁から黒田東彦総裁に交代させ、大規模な金融緩和を実施して、為替レートを本来の１００円台の水準に戻したのだ。

つまり、金融政策によって為替レートは操作できるということになる。ただし、日本はアメリカの属国だから、アメリカのお許しがないと金融緩和ができない。金融政策は、日銀の自由だろうと思われるかもしれない。しかし、民主党政権の末期に超円高が日本経済を襲った時、私は民主党政権の幹部に、「いますぐ大規模金融緩和をしないと日本経済が危ない」と進言したのだが、その幹部は私にこう言った。「金融緩和なんて、アメリカが認めるはずがないだろう」。

安倍政権は、アメリカに無断で金融緩和を行ったのではない。おそらく水面下でアメリカの許可をとったのだろう。安倍政権は、ＴＰＰへの参加や原発の再稼働、集団的自衛権行使、辺野古での新しい米軍基地建設など、さまざまなアメリカへの貢物を積み重ねて、それと引き換えにアメリカに金融緩和を認めてもらった。それがアベノミクスの本質なのだ。

しかし、トランプ大統領は、これまで認めてきた金融緩和を非難している。だから、これ以上の追加金融緩和を日銀が行うことを認めないだろう。その結果、何が起きるのか。

アベノミクスの終焉

財務省が2016年度の税収見積もりを下方修正することが明らかになった。その結果、2016年度の税収が7年ぶりに前年度実績(56兆2854億円)を下回るのが、確実になった。税収減の最大の原因は、企業業績の低迷から法人税が振るわないと見込まれるからだ。

安倍政権が発足した2012年度に43兆円だった税収は、その後、44兆、47兆、54兆、56兆円と順調に拡大してきた。税収は、毎年のように当初見積もりを上回り、それを原資に補正予算を組んで景気を刺激したことも経済の好循環を生む原因になった。

税収が増えた大きな原因は、消費税率の引き上げが大きいが、法人税も税率を大幅に下げたにもかかわらず、２０１２年度の10兆円から２０１５年度の11兆円まで、毎年順調に増えてきた。企業収益が大幅に増加したからだ。

ところが、その企業収益が減少に転じた。その理由は、二つある。

一つは、円高の進行だ。２０１６年年初の為替は、１ドル＝１２０円だった。それが一時期１００円割れ寸前まで行った。その結果、輸出関連企業の業績が大幅に悪化してしまったのだ。円高進行の原因は、２０１６年に日銀が追加の量的金融緩和を一度も打てなかったことだ。日銀が４００兆円を超える国債を保有するにいたって、買える国債のタマがなくなってしまったからだ。国債をどんどん買って、資金供給を増やすというアベノミクスの根幹が限界を迎えたのだ。２０１６年末の時点では、アメリカの利上げを織り込んでかなり円安に振れているが、トランプ大統領が正式に誕生すれば、日本の金融緩和を強くけん制してくるので、再び円高トレンドに戻るだろう。製造業の収益は伸びない。

企業収益が減少に転じた二つ目の理由は消費不振だ。２０１６年10月の「家計調査」によると、物価変動を調整した実質家計消費が、８カ月連続で前年同月を下回った。うるう年調整をすると、事実上14カ月連続のマイナスとなる。

アベノミクスで経済のパイは大きくなったが、それは企業収益の拡大に回され、労働者には、ほとんど回らなかった。しかも、そこに消費税率の引き上げを重ねたのだから、消費が失速して当然なのだ。

消費税の引き上げ前、多くのエコノミストは、消費不振は３カ月で終わると言っていた。駆け込み需要で買い込んだ日用品や食品は３カ月で食いつぶすからだ。ところが、現実には、２０１４年４月の消費税率引き上げ後、実質消費は13カ月連続のマイナスとなった。そして、一進一退したのち、また14カ月連続のマイナスとなっているのだ。

振り返れば１９９７年に消費税率を３％から５％に引き上げた後、日本経済は15年にわたるデフレに突入した。やはり消費税率の引き上げは、日本経済に壊滅的な悪影響を与えることが、改めてわかったのだ。

すでに景気後退のリスクが高まった以上、いま一番考えなくてはいけないことは、再びデフレスパイラルに突入するのを防ぐことだ。しかし、アベノミクスの根幹である金融緩和が封じられてしまうのだから、やるべき景気対策は、消費税率の引き下げ以外にないだろう。

消費税率の引き下げは、政治的にも経済的にも、大きな決断が必要になる。しかし、私は安倍総理が決断する可能性は十分あると考えている。

２０１７年１月４日、安倍総理は、恒例の年頭記者会見でこう語った。

「本年も経済最優先。デフレ脱却に向けて、金融政策、財政政策、成長戦略の３本の矢を射《う》ち続ける」

ただ、安倍総理の本音は、翌５日の自民党本部での仕事始めのあいさつに表れている。安倍総理は、今年が憲法施行70年の年だとしたうえで、「節目の年、新しい時代にふさわしい憲法はどんな憲法か議論を深め、私たちが形作っていく年にしたい」と語ったのだ。

いよいよ安倍総理の悲願である憲法改正に向けた第一歩が踏み出されようとしているのだ。もちろん、そこには、日本を戦争できる国へと変貌《へんぼう》させる憲法９条改定が含まれている。いま野党に期待される最大の役割は、そこにブレーキをかけることだ。しかし、私は安倍総理が、ある秘策を繰り出すことで、圧倒的な国民の支持の下で、憲法改正に邁進《まいしん》する可能性が高いのではないかと考えている。その秘策とは、「消費税率の５％への引き下げ」だ。

安倍総理は２０１７年１月６日に首相官邸でイギリスの元金融サービス機構長官のアデア・ターナー氏と会談している。アデア・ターナー氏は前述したように、『債務、さもなくば悪魔』という本の著者だ。この本の内容は、マネーの観点から景気対策を考え直すべきだということだ。従来の経済学では、中央銀行が民間銀行から国債を買って、資金供給をすると、銀行はそれを元手に信用創造を行い、何倍ものお金を融資することで、景気がよくなると考えていた。つまり、中央銀行の資金供給は、民間銀行が行う資金供給の呼び水と考えていたのだ。しかし、景気が低迷している状態で、銀行は融資を増やせない。そうした状況のなかで無理をして融資を膨らませようとすると、不動産などへの投機が強まり、バブルとその崩壊を引き起こしてしまう。そこでターナー氏は、民間のマネー創造を厳しく抑制する一方で、政府と中央銀行によるマネー創造を積極化することを提唱している。具体的には、政府が発行した国債を民間銀行経由で、中央銀行が買い取る。中央銀行が国債を保有している限り、その国債への元利払いは事実上不要だから、政府は国債で得た資金を減税や現金のばらまきなどの形で国民に戻す。そうすれば、国民の持つお金がダイレクトに増えるから、景気は確実に拡大する。「ヘリコプターマネー」と呼ばれる政策だが、ターナー氏はそれをやれと言っているのだ。

安倍総理の経済参謀である浜田宏一内閣官房参与も、ターナー氏も言っていることは、通貨発行益の活用という点で基本的に同じだ。

通貨発行益は、魔法の杖《つえ》でも、錬金術でもないし、ましてや詐欺などではない。貨幣経済を運営する政府が当然受け取れる正当な報酬だ。だから、税収と通貨発行益を同列に扱うことが、いま日本の財政に最も求められていることであり、日本経済を救う唯一の道であると私は考えている。安倍総理は、そのことがすでにわかっているのではないだろうか。

おわりに

『サピエンス全史（上・下）』（河出書房新社）という本がある。我々は、「ホモサピエンス」だけが人類だと思い込んでいる。確かに、この1万年ほどは、その通りなのだが、この本によると、それ以前には、ホモエレクトスやネアンデルタール人など、ホモサピエンス以外の人類も、200万年という長い期間にわたって、ホモサピエンスと共存していた。それではなぜ、ホモサピエンスだけが、他の人類を圧倒して、生き残ることができたのか。

ホモサピエンスは、いくつかのブレイクスルーを経験している。まずは、火の使用だ。それによって、猛獣たちから身を守ることができるようになり、調理をすることで食べられるものの種類が広がった。第二のブレイクスルーは、言語の使用による抽象的かつ複雑なコミュニケーションだ。単に言語を使うだけなら、類人猿でもできるし、その他の動物も、仲間に警告する鳴き声をあげることができる。しかし、ホモサピエンスは、高度なコミュニケーション能力で、社会を作ることに成功したのだ。

そして、『サピエンス全史』の著者が指摘するホモサピエンス最大のブレイクスルーは、「虚構」を作り上げたことだという。単なるコミュニケーションだけでは、数十人の社会を作るのが限界だ。ホモサピエンスだけが、数千から数億という巨大な共同体を作れるのは、その構成員が虚構を信じて行動するからだ。たとえば、宗教は虚構そのものだし、王家の伝説や神話も虚構だ。それどころか、人権も、法律も、国家さえも、すべてホモサピエンスが作り出した虚構なのだ。

ホモサピエンスをホモサピエンスたらしめたのが虚構なのだから、虚構自体が悪いとは、言えない。神様も、あの世も、本当は存在しないが、そう唱える宗教も、我々にとって大切な存在だ。宗教を信じることで、人生に張り合いが生まれ、現世を力強く生きることができるからだ。

「日本の財政は最悪の状況にある」とする財務省が作り上げた神話も、ある程度までは、正当性を持っていた。国民にそう思わせておかないと、国民が、高齢化社会を支えるための増税に納得しないし、野放図な財政出動が繰り返されて、財政が破綻《はたん》してしまうからだ。

しかし、モノには限度がある。宗教も極端に走って、マインドコントロールを駆使するカルト教団になれば、有害な存在になる。信者から過度の財産や時間を奪い、現世の幸福をかえって犠牲にしてしまうからだ。

日本にもはや実質的に借金がないにもかかわらず、さらなる消費税増税に向かおうとしている財務省は、もはやカルト教団化していると、言わざるを得ない。だから、本書の唯一の使命は、歪《ゆが》んだ税制による日本経済の破壊行為を止めるための警告を与えることだ。

ここまで読んでいただいた方が、真実に気付いてくださることを心から期待したい。

付録

ヒツジ飼いの少年とオオカミ

村はずれの山のふもとに、ヒツジ飼いの少年がいました。ヒツジたちはおとなしく、しかも少年は、ひとりぼっちで仕事をしていたので、暇をもてあましていました。

ある日、少年は格好の暇つぶしを思い付きました。

「大変だ、オオカミが来るぞ!」

少年の叫び声を聴いて、村人たちが大急ぎで集まってきました。

「オオカミは、どこだ?」

少年は、答えました。

「村人のみんなが駆けつける直前に、オオカミは一目散で逃げていきました」

「そうか、よくやったぞ。君が大声をあげたから、オオカミが森に逃げたんだ。ヒツジも村人も無事だった。本当によくやった」

村人たちは、心の底から善人で、少年を疑いませんでした。それどころか、少年にほうびのお菓子を与えたのです。味をしめた少年は、しばらくすると、また叫びました。

「大変だ、オオカミが来るぞ！」

またしても、オオカミはみつかりませんでしたが、善人の村人は、また少年にほうびを渡しました。

さらに調子に乗った少年は、「オオカミが来るぞ！」と、繰り返し叫ぶようになりました。しかも、その間隔はどんどん短くなり、ついには毎日のように叫ぶようになったのです。

「大変だ、オオカミが来るぞ！」

本当は、その村の周辺では、とうの昔にオオカミは絶滅していたのですが、それでも人を疑うことを知らない村人たちは、毎回、駆けつけてきては、少年にほうびを渡し続けたのです。

それは突然やってきました。ある日、少年が「大変だ、オオカミが来るぞ！」と叫んだのですが、村人は誰ひとりやってきませんでした。

不思議に思った少年が、村に出かけてみると、村人は全員、飢え死にしていました。

少年に毎日呼び出されるため、仕事もままならなくなり、しかも少年にほうびを渡すために、蓄えを使い果たしてしまったのです。

その日から、少年は、天涯孤独になってしまいました。

主要参考文献

『これからの日本のために財政を考える』（財務省／２０１６年10月発行）
『日銀当座預金に債務性はあるはずがない。田中秀明教授に再反論』（高橋洋一／２０１６年12月1日／ダイヤモンド・オンライン　http://diamond.jp/）
『ヘリコプターマネー』（井上智洋／日本経済新聞出版社）
『「アベノミクス」私は考え直した』（浜田宏一インタビュー／『文藝春秋』２０１７年新年特別号）
『債務、さもなくば悪魔　ヘリコプターマネーは世界を救うか？』（アデア・ターナー／日経ＢＰ社）
『株式会社の終焉』（水野和夫／ディスカヴァー・トゥエンティワン）
『スウェーデンの社会保障制度に学ぶ』（山崎加津子／大和総研調査季報２０１２年新春号）
『所得1億円超だと税負担率はこんなに低い、金持ち優遇の実態』（原英次郎／２０１６年11月28日／ダイヤモンド・オンライン　http://diamond.jp/）
『サピエンス全史（上・下）』（ユヴァル・ノア・ハラリ／河出書房新社）

森永卓郎（もりなが・たくろう）
1957年７月12日生まれ。東京都出身。経済アナリスト、獨協大学経済学部教授。東京大学経済学部卒業。日本専売公社、経済企画庁、UFJ総合研究所などを経て現職。主な著書に『雇用破壊』（角川新書）、『年収崩壊』『年収防衛』『「価値組」社会』『庶民は知らないデフレの真実』『庶民は知らないアベノリスクの真実』（いずれも角川SSC新書）。『年収300万円時代を生き抜く経済学』（光文社）では、"年収300万円時代"の到来をいち早く予測した。執筆のほか、テレビやラジオ、雑誌、講演などでも活躍中。50年間集めてきたコレクション約10万点を展示するB宝館が話題に（所在地：埼玉県所沢市けやき台2－32－5）
http://www.ab.cyberhome.ne.jp/~morinaga/

消《しょう》費《ひ》税《ぜい》は下《さ》げられる！

借金《しゃっきん》1000兆円《ちょうえん》の大嘘《おおうそ》を暴《あば》く

森永卓郎《もりながたくろう》

2017年３月10日　初版発行
2025年３月５日　４版発行

◆◇◇

発行者　山下直久
発　行　株式会社KADOKAWA
〒102-8177　東京都千代田区富士見 2-13-3
電話　0570-002-301（ナビダイヤル）

装 丁 者　緒方修一（ラーフイン・ワークショップ）
ロゴデザイン　good design company
オビデザイン　Zapp!　白金正之
印 刷 所　株式会社KADOKAWA
製 本 所　株式会社KADOKAWA

角川新書
 ISBN978-4-04-082124-5 C0233